Bärenfell im Kohlenstaub
Erinnerungen eines Soldaten und Kriegsgefangenen

Peter Ingwersen

Peter Ingwersen

Bärenfell im Kohlenstaub

Erinnerungen eines Soldaten und Kriegsgefangenen

Bibliographische Information Der Deutschen Bibliothek:
Die Deutsche Bibliothek verzeichnet diese Publikation in
der Deutschen Nationalbibliographie;
detaillierte bibliographische Daten sind im Internet über
http://dnb.ddb.de abrufbar

Quellen:
„Der Zweite Weltkrieg. Bilder Daten Dokumente." Bertelsmann Lexikon-Verlag,
Gütersloh 1968
„Blockade. Leningrad 1941-1944. Dokumente und Essays von Russen und Deutschen".
Originalausgabe Lektorat Antje Lenz und Barbara Wenner, Rowohlt Taschenbuchverlag
GmbH, Reinbek 1992
„Chronik der 30. Infanterie-Division". Hans Breithaupt.Podzum-Verlag 1955
*„Goethe Lektüre für Augenblicke. Gedanken aus seinen Büchern, Briefen und
Gesprächen".* Auswahl und Nachwort von Gerhard Baumann, Insel Verlag Frankfurt

© 2005 Peter Ingwersen, Lütjenhorn

Umschlaggestaltung, Satz, Layout: Marlen Ingwersen, Hamburg
Überzeugungen und Meinungen in diesem Buch sind ausschließlich die des Autors.
Alle Rechte der Übersetzung und Verbreitung, auch durch Funk, Fernsehen,
fotomechanische Wiedergabe, Tonträger jeder Art und auszugsweiser Nachdruck,
sind vorbehalten.
Herstellung und Verlag: Books on Demand GmbH, Norderstedt

ISBN 3-8334-3784-7

Das Leben gehört den Lebendigen an,
und wer lebt, muss auf Wechsel gefasst sein.

(Johann W. von Goethe)

Inhalt

Vorwort

Es führte mich eine lange Wegstrecke durch halb Europa, die vom damaligen Zeitgeschehen vorgezeichnet war. Wegweisende Markierungen standen für mich und meine Generation unverrückbar fest, ohne dass wir erahnten, was auf uns zukommen würde. Als Heranwachsender konnte ich noch nicht wissen, wohin uns dieser Weg einmal führen würde, denn wir jungen Menschen waren damals begeistert. Mitgerissen von der Euphorie glaubten wir an jenen Führer, der nun endlich alles besser machen würde, als es bisher war.

Dennoch entließ man uns aber nicht aus unserer Verantwortung; welche schließlich zu einer schweren Last wurde, die auf unseren Schultern lag.

Nach über 50 Jahren ist es mir ein Anliegen, meinen beiden Söhnen, den Enkeln sowie allen Interessierten mitzuteilen, wie ich diesen grausamen Krieg erlebt und empfunden habe. Nachdem Nachfragen kamen, wie und warum es soweit kommen konnte, dass sich Völker gegenseitig zerfleischten, zerstörten und nur Elend hinterließen, habe ich mich dazu entschlossen, meine eigenen Erinnerungen niederzuschreiben. Diese Geschehnisse und all das, was ich während des Krieges an Leib und Seele erlebt habe, sind auch ein Teil vom Aufstieg und Untergang des Nationalsozialismus gewesen und spiegeln ein Stück Zeitgeschichte wider. Meine Schilderung kann und soll auch nur eine Wiedergabe dessen sein, wie *ich* diese Zeit am eigenen Leibe erfahren habe. Sie zeichnet auch nur meine persönliche Wegstrecke nach, die ich mit meinen Kameraden im Kriege und in der anschließenden Kriegsgefangenschaft gemeinsam gegangen bin.

Der Mensch mag dazu neigen, all das Schlimme und Unerträgliche, was er erlebt und erlitten hat, schnell beiseite zu schieben, zu verdrängen, um sich dann lieber positiveren Bildern hinzuwenden. Dies ist auch gut so. Wir, denen die Verwundungen von damals heute noch Schmerzen bereiten können und die diese Bilder von damals immer noch vor Augen haben, hassen und verfluchen den Krieg bis heute. Wir bekannten und bekennen uns einmütig dazu und wollten es laut in die Welt hinausrufen: „Nie wieder Krieg!" Dies sollte mehr als nur ein Lippenbekenntnis sein.

Meine Briefe aus der Kriegszeit und der Kriegsgefangenschaft waren für diese Aufzeichnungen nur bedingt zu verwerten, da diese das wahre Bild der damaligen Zeit nicht widerspiegelten, weil ich bemüht war, meine Lieben in der Heimat nicht zu beunruhigen. „Mir geht es gut, über das erhaltene Feldpostpäckchen habe ich mich gefreut und bedanke mich dafür. In den nächsten Tagen ist eine Ortsveränderung zu erwarten", so schrieb ich. Als Lebenszeichen reichten diese Zeilen vollkommen aus, meine Ängste und Gefühle verschwieg ich lieber, zumal mit einer Zensur der Post gerechnet werden musste.

Der Frage, ob die Menschen im Dritten Reich etwas von den Grausamkeiten der Wehrmacht und der Judenverfolgungen mitbekamen, müssen wir uns alle, die diese Zeit erlebten, stellen. Es wäre zu einfach, „nichts gewusst" zu haben. Denn nicht zu wissen heißt nicht, dass man sich der Verantwortung entziehen darf. Dies möchte ich auch nicht. Tatsächlich hatte ich mir damals als Kind keine Gedanken gemacht, da ich selbst niemanden jüdischen Glaubens kannte. Zur Judenverfolgung kann ich lediglich von Erzählungen unserer Verwandten aus Hamburg berichten, welchen ich heimlich gelauscht hatte. Diese haben sich, wenn sie uns besuchten, mit meinen Eltern darüber unterhalten. Mein Vater empfand diese Taten als unmenschlich und verwerflich. „Zu so etwas darf sich der Mensch nicht hinreißen lassen!" meinte er.

Ein Fall, an den ich mich erinnere, trug sich im Nachbarkreis Flensburg Land zu und betraf den jüdischen Landwirt Wolf. Dieser konnte vermutlich rechtzeitig gewarnt werden und floh bei Nacht und Nebel über die Grenze nach Dänemark. Der Hof und das gesamte wertvolle Inventar wurden anschließend meistbietend versteigert. Aus Gesprächen meiner Eltern mit Freunden und Nachbarn vernahm ich, dass es bereits vor der Zeit Hitlers einen latenten Antisemitismus bei uns gab. Die Nationalsozialisten verstanden es, diesen zu wecken und für ihre zweifelhaften Zwecke zu nutzen.

Von Grausamkeiten, welche der Deutschen Wehrmacht angelastet werden, habe ich selbst nichts erlebt. Als Soldat hatte ich oftmals Kontakt zu russischen Zivilpersonen. Diese waren uns gegenüber stets freundlich. Einmal sprach mich sogar ein deutschsprechender Russe an, der sich eine Niederschlagung des Kommunismus durch Deutschland erhoffte. Ein anderes Mal erblickte ich in einem armseligen russischen Haus ein mit Blumen umkränztes Hitlerbild. An der Front um Leningrad waren russische Frauen in den Feldküchen der deutschen Truppenverbände beschäftigt. Man traute einander und war wohl froh, eine zusätzliche Mahlzeit zu erhalten. Auch sorgten russische Hilfswillige bei der Wehrmacht für den Nachschub von Lebensmittel und Munition. Dies waren Freiwillige, welche zwar eine deutsche Wehrmachtsuniform trugen, sich aber dadurch von uns unterschieden, dass sie keine deutschen Hoheitsabzeichen und Kragenspiegel trugen. Von einem Hass auf die Deutschen habe ich bei meinen Begegnungen nichts wahrgenommen. Dennoch möchte und kann ich mit diesen Schilderungen nicht widerlegen, welche grausamen Taten woanders an der Front geschehen waren, sondern lediglich vor Verallgemeinerungen warnen.

Die als Partisanen bezeichneten Gegner hielten sich in den Weiten der rückwärtigen Gebiete auf und versteckten sich meistens in den riesigen Wäldern. Nachts wurden sie von russischen Flugzeugen aus mit Lebensmitteln, Waffen und Munition versorgt. Die Eisenbahnlinien, welche von der Deutschen Wehrmacht befahren wurden, waren oftmals das Ziel dieser aktiven Partisanengruppen. Die Lokomotiven schoben einen mit Kies beladenen Waggon vor sich her, um eventuell verlegte Minen am Gleiskörper zur Explosion zu bringen. Von uns wurde diese hinterhältige Art der Kriegsführung sehr gefürchtet.

Dass die Zivilbevölkerung grundsätzlich unter Kriegsein-wirkungen zu leiden hat, ist eine Tatsache und mag auch künftige kriegerische Auseinandersetzungen begleiten wer-den. Es ist sehr bedauerlich, dass selbst die Kirchen aller (christlichen) Religionen es bisher nicht geschafft haben, Kriege zu verhindern. Der Wille dazu ist offenkundig, aber... - Beten wir also weiter darum. Die meisten Menschen dieser Welt verurteilen jeden Krieg und sehnen sich nach Frieden.

Bei meinem Bestreben, diesen Weg durch Russland präzise nachzuzeichnen, halfen mir unter anderem die Chroniken: „Blockade von Leningrad 1941 - 1944" (von russischen und deutschen Autoren geschrieben), sowie der historische Band „Die Geschichte der 30. Infanterie-Division". Beide Werke stimmen mit den Daten überein, welche ich aus meinem Gedächtnis aufgeschrieben hatte. Zwar liegt das Kriegsgeschehen weit zurück, dennoch lassen sich die schweren Stunden dieser Zeit nicht einfach beiseite schieben. Wir Soldaten hatten eine große Last an den Fronten zu tragen. Trotz unserer Rolle im großen Geschehen blieb uns im Grunde jedoch nur die Wahrnehmung aus der Froschperspektive.

Die Wiedergabe dieser Ereignisse kann nicht frei von emotionalen Gedankengängen sein, denn Leben und Tod, Hoffen und Bangen waren unsere täglichen Begleiter. Obwohl ich damals oftmals moralisch am Boden lag, habe ich mich bemüht, immer noch ein Fünkchen Hoffnung im Herzen zu tragen, um daraus wieder neue Kraft zu schöpfen und den Willen zu überleben genährt.

Das ein um andere Mal zitiere ich Aussagen meines Vaters.

Er gab mir viel mit und war immer bemüht gewesen, mir den Lebensweg weise zu erklären. Er hatte einmal den Beruf des Schriftsetzers erlernt und viel Umgang mit Literatur gehabt, kurzum, er war sehr belesen. Nach der Lehre begab er sich auf die Wanderschaft und arbeitete in Norwegen und Deutschland in verschiedenen Druckereien. Er gab sich viel Mühe, mir die Gedichte großer Denker zu erläutern, wofür ich ihm heute noch dankbar bin. Da er die Dämpfe der Druckerschwärze nicht vertrug, besann er sich dann aus gesundheitlichen Gründen, lieber den bäuerlichen Beruf zu ergreifen.

Über den Nationalsozialismus wurde in meinem Elternhause nicht debattiert, aber meine Eltern ließen mir den Weg frei, mich der Hitler-Jugend hinzuwenden. Ich war damals begeistert dabei, schließlich sollte es mit dem Dritten Reich ja endlich wieder aufwärts gehen. Das erwarteten wir alle. Mit Glanz und Gloria begann etwas zu entstehen, doch blindes Vertrauen auf kraftvolle Parolen stellte sich als folgenschwerer Irrtum heraus. Die Parolen endeten schließlich im „totalen" Krieg: Tod, Zerstörung der Städte, Vertreibung aus der Heimat, Schändung der menschlichen Würde, endlose Stacheldrahtzäune, kurzum, in einem Inferno.

Als Soldat wollte ich kein Held sein, habe aber dennoch immer meine Pflicht erfüllt, wenn auch mit einem inneren Zwiespalt, weil mich die zweifelnden Aussagen und Fragen meines Vaters stets begleitet haben.

Das Elternhaus im Jahr 1928. Der Autor mit seinen Eltern und seinen beiden Schwestern.

1. Kapitel

Erinnerungen an meine Jugendzeit

Als Hitler 1933 die Macht in Deutschland übernahm, wurde vieles verändert und von der Bevölkerung zunächst auch als positiv empfunden. Die hohe Arbeitslosigkeit verringerte sich schnell. Es ging endlich „aufwärts", wonach sich alle Menschen sehnten.

In allen Ortschaften des Deutschen Reiches wurden Jugendgruppen gebildet, die sich Hitlerjugend (HJ) nannten. Bis zu unserem 15. Lebensjahr waren wir Jüngeren im Jungvolk organisiert und wechselten dann automatisch in die HJ. Die Mädchen waren im Bund Deutscher Mädel (BDM) ähnlich organisiert.

Im Jahr 1934, ich war gerade elf Jahre alt, kamen zwei Schulkameraden zu uns auf den Hof, um mich fürs Jungvolk zu werben. Mit der Zustimmung zögerte mein Vater zunächst, willigte aber schließlich ein und sagte: „Wenn es eine gute Sache ist, die ihr da vorhabt, dann darf Peter mitmachen". Über seine Entscheidung war ich natürlich froh, denn auch ich wollte gerne dieser Gemeinschaft angehören. Einige meiner Schulkameraden trugen bereits ein Braunhemd, die neue Uniform. Ich musste mich aber noch über ein Jahr gedulden und konnte zunächst nur in meinem Schulzeug zum Dienst erscheinen. Derzeit war das Geld überall knapp - auch bei uns.

Dass der Groschen mehrfach umgedreht wurde, bevor man ihn ausgab, war damals gang und gäbe. In den ersten Jahren nach 1933 kam es oft vor, dass bettelnde Menschen aus Flensburg zu Fuß bei uns vorbei kamen und um ein Stück Brot baten. Meine Mutter schnitt ihnen vom selbstgebackenen Roggenbrot eine dicke Scheibe ab und bestrich sie mit Griebenfett. Dieses wurde dankend angenommen und begierig verzehrt.

Zum Jungvolkdienst wurde das Braunhemd mit schwarzem Dreiecktuch und geflochtenem Lederknoten, eine kurze schwarze Hose und Koppelzeug mit Schulterriemen getragen. Stolz war ich, als ich sie das erste Mal tragen durfte. Beim Appell wurde jeder „Pimpf" vom Gruppenführer genau in Augenschein genommen. An unserer Uniform musste jeder Knopf richtig zugeknöpft sein.

Es wurden Geländespiele gemacht, viel Sport getrieben und Fahrten unternommen, wobei wir unsere Heimat kennen lernten. Als ich 13 Jahre alt war, und weil ich „so fleißig bei der Ernte geholfen hatte", wie mein Vater mich lobte, bekam ich die Erlaubnis, im „Nordmarklager", einem Zeltlager der Nordmark-Jugend am Bramsee bei Nortorf, teilzunehmen. Dies war 1936, als in Berlin die Olympischen Spiele ausgetragen wurden. Alle Jungen waren begeistert, wenn die deutsche Olympia-Mannschaft wieder eine Goldmedaille errungen hatte. Als Deutschland schließlich die Siegernation wurde, waren wir alle ausgelassen. Wir fühlten uns damals froh und glücklich, die Jugend Deutschlands zu sein. Wir waren begeisterungsfähig - jedoch auch sehr unkritisch. Daraus mag wohl jene kritiklose Vertrauensseligkeit gegenüber dem zweifelhaften Regime geboren worden sein. Aber wer konnte sich damals vorstellen, dass aus dieser Schar fröhlicher Jungen, die voller Ideale waren und herumtollten wie alle Jugendlichen weltweit, das Werkzeug eines „gewollten Krieges" entstehen würde?

Lautstarke Reden, welche nicht gerade tiefschürfend waren, erklangen aus den Lagerlautsprechern der Radios, aber letztlich wirkten sie auf unsere politisch noch so einfältigen Gemüter ein.

Baldur von Schirach, der damalige „Jugendführer des Deutschen Reiches", erließ am 1. Dezember 1936 ein Gesetz über die Hitlerjugend (HJ). Dieses Gesetz mag nur eine Formsache gewesen sein, aber dennoch blieb es ein Grundsatz, der aussagte: „Jugend soll auch von Jugend geführt werden". Diesem Gesetz unterstanden auch die staatlichen Förderungsaufgaben.

Die Einführung des „Staatsjugendtags" im Jahre 1936 begrüßten die Jungen ganz besonders. Dieser Staatsjugendtag war an jedem Sonnabend im Monat, an dem diejenigen, die im Deutschen Jungvolk organisiert waren, nicht in die Schule zu gehen brauchten. Für diejenigen, die nicht organisiert waren, welche es auch gab, bestand auch an diesem Tage die Schulpflicht. Der Beitritt zum Jungvolk und der HJ war zwar freiwillig, aber die Vorteile - wie beispielsweise dieser schulfreie Tag - sich anzuschließen, überzeugten viele notgedrungen. Wir lernten den Aufbau und die Ziele unserer Organisation kennen. Neue patriotische Lieder wurden eingeübt, jedoch haben wir damals nicht bzw. nur unkritisch über den Inhalt nachgedacht. Unsere jungen Gruppenführer kamen an diesem Staatsjugendtag zu Schulungen zusammen, um für ihre künftigen Führungsaufgaben vorbereitet zu werden.

Es begann ein beispielloser Personenkult, der nur auf die „Führerfigur" Adolf Hitlers ausgerichtet war. Dies wird die psychische Voraussetzung für eine blindgläubige Unterwerfung unserer jungen Generation nach dem Willen des sogenannten „Großen Führers" geschaffen haben. Die Lieder, die unüberlegt, aber kräftig gesungen wurden, die Schwüre zur Treue bis zum Tod mögen dazu beigetragen haben, dass ein Volk so kämpfen, leiden und sterben konnte. „...denn die Fahne ist mehr als der Tod!" sangen wir immer wieder, ohne über den Sinn dieser Verse nachzudenken. Wir Jungen hatten uns den nationalistischen Wahnvorstellungen anvertraut und uns dafür aufgeopfert. Der großen Mehrheit dieser Generation dürfte es am bitteren Ende dieses Infernos klar geworden sein, dass wir einem Regime vertraut hatten, welches letztlich Krieg, zerbombte Städte und Massenmord zu verantworten hat. Aber so weit dachten wir Jungen im Jahre 1936 nicht.

Von meinem Vater und einigen weiteren Mitbewohnern unseres kleinen Dorfes wurde diese neue politische Richtung jedoch nicht geteilt. Er gehörte einmal dem „Jung-Deutschen-Orden" an, der von Hitler verboten worden war. Ich habe ihn niemals „Heil Hitler" grüßend erlebt. Vater blieb still und grüßte entweder mit dem norddeutschen „Moin" oder „Guten Tag".

Erst später, im gereiften Alter, habe ich verstanden und ihn dafür bewundert, dass er seiner Haltung treu geblieben war.

Dass es in dieser Zeit auch Schattenseiten gab, konnte unsere junge Generation damals noch nicht überschauen. Aus vielen Gesprächen vernahm man bei der älteren Generation, dass die Verträge von Versailles als ungerechte Bürde für Deutschland empfunden wurden. Viele landwirtschaftliche Höfe konnten die Zinsen für ihre Kredite nicht mehr aufbringen und kamen in Existenznot. Zwangsversteigerungen waren an der Tagesordnung. Diese leidvollen Erfahrungen mochten einen Nährboden bereitet haben für jene Hassparolen gegenüber den jüdischen Teilen unserer Bevölkerung, welche viele für ihre Misere verantwortlich machten. Als Hitler schließlich an die Macht kam, wurde diesen Betrieben finanziell geholfen.

Dass Andersdenkende als politische Gegner in sog. Schutzhaft genommen wurden und dass daraus Konzentrationslager entstanden, in denen Menschen gepeinigt wurden, das spielte sich im Hintergrund ab. Derartiges flüsterte man sich allenfalls zu, jedoch, geglaubt haben wir daran nicht. Nein, dies konnte in Deutschland doch nicht möglich sein!

Als am 1. September 1939 deutsche Truppen in Polen einmarschierten, war ich 16 Jahre alt. Es war Erntezeit. Zu dieser Zeit leisteten viele junge Bauernsöhne unseres Dorfes ihre zweijährige Dienstpflicht bei der Deutschen Wehrmacht und dem Reichsarbeitsdienst ab. Wegen Unruhen an der polnischen Grenze, so schrieben sie den Angehörigen, seien ihre Einheiten nach dorthin verlegt worden. Im Elternhaus wurde viel über einen zu erwartenden Krieg gesprochen.

Lebensmittelrationierung, Hunger und der Tod von Soldaten, waren ihnen vom Ersten Weltkrieg her noch in guter Erinnerung. Sorgenvoll blickten meine Eltern in die Zukunft, denn ich war gerade 16 Jahre alt und für die Hofnachfolge vorgesehen. Sollte der Krieg über Jahre dauern, würde ich mit Sicherheit auch Soldat werden müssen. Bei mir überwog, bedingt durch die Erziehung im nationalsozialistischen Staat, der Glaube an den Sieg und der Glaube an eine „gerechte" Sache für Deutschland.

Ich spürte aber auch die Sorgen meiner Eltern.

1941. Inzwischen tobte der Krieg schon über zwei Jahre. Dass Tod und Trauer damit einhergingen, war täglich in der Zeitung zu lesen. „Mein lieber Mann ist für Führer, Volk und Vaterland gefallen." Oder: „Unser hoffnungsvoller Sohn ist für Großdeutschland gestorben." Auch in unserem kleinen Lütjenhorn riss der Tod viele Lücken. Krieg war inzwischen Alltag geworden. Von den anfänglichen Erfolgen unserer Wehrmacht war man überwiegend begeistert, und mit Stolz erzählte ich meinem Vater von einer Sondermeldung, die ich in den Nachrichten gehört hatte. Deutsche U-Boote hätten wiederum mehrere Schiffe im Atlantik versenkt. Darauf antwortete mein Vater nachdenklich, der stets ein passendes Sprichwort parat hatte: „Man soll das Fell nicht verkaufen, ehe man den Bären hat!" Der warnende Zeigefinger war unverkennbar.

Der schneereiche Kriegswinter 1941 – 42

Die Straßen und Nebenwege unserer Dorfgemarkung waren meterhoch zugeschneit. Mit einem Rucksack auf dem Rücken konnte nur das Nötigste für das tägliche Leben herbeigeschafft werden. Neben dem Besuch der Landwirtschaftsschule in Niebüll gehörte die übliche Stallarbeit und das Schneeschaufeln zu meiner täglichen Beschäftigung. Alle jungen Männer, französische Kriegsgefangene und Fremdarbeiter (Polen, Tschechen, Jugoslawen) wurden eingespannt, um der Schneelage Herr zu werden. Ein Nachbar, mit dem ich Schnee schaufelte, fragte mich beiläufig, wie alt ich denn sei. Als ich ihm erzählte, dass ich 19 Jahre alt wäre und bereits gemustert sei, erwiderte er mir plattdeutsch: „Wenn se di noh de Preußens holn don, Peter, denn süht dat schiet ut för uns in Dütschland". (Wenn Dich die Preußen holen werden, Peter, sieht es schlecht aus für uns in Deutschland!) Über diese freimütige Aussage war ich zunächst verwundert. Trotz aller

Parteiarbeit vor Ort gab es auch Dorfbewohner, die kritisch über die politische Entwicklung in Deutschland dachten, die Mehrzahl glaubte jedoch an einen Sieg Hitlers.

Zu dieser Zeit war unsere abgelegene Bauernstelle noch nicht an das elektrische Netz angeschlossen. Ein Radiogerät wurde bereits 1934 angeschafft, es war eine bessere Ausführung als der damalige Volksempfänger. Unser damaliges Radiogerät wurde mit einer Anodenbatterie und einem Akku betrieben, der in Abständen wieder aufgeladen werden musste. Eine hohe und lange Außenantenne machte es möglich, einige ausländische Sender zu empfangen, insbesondere BBC-London, den mein Vater oftmals nachts abgehört hat. Die Tagesnachrichten wurden mit Interesse verfolgt. Auch Hitlers Reden wurden aufmerksam gehört, und wenn mein Vater mit seinem Kopf bedenklich hin und her schwang, wusste man, dass er nicht mit dem einverstanden war, was Hitler mit überschwänglichem Pathos lauthals über den Äther in die deutschen Wohnzimmer hinein brüllte.

Petroleumlampen und Stalllaternen waren die Lichtquelle für unsere Bauernstelle. Die Schrotmühle, wie auch die Dreschmaschine, wurden mit einem Dieselmotor angetrieben. Das nötige Trinkwasser für den Viehstall und Haushalt pumpte man mit einer Schwengelpumpe aus einem Brunnen. Meine Mutter und ich haben damals unsere zwölf Kühe mit der Hand gemolken. Im Sommer wurde ich schon um vier Uhr früh geweckt, um die Kühe zum Melken heran zu holen. Im Winter standen 32 bis 38 Rinder, drei Pferde und einige Schweine in unserem Stall.

So sah das damalige Landleben bei uns aus.

2. Kapitel

Und dann war ich Soldat

Nachdem ich das zweite Semester an der Landwirtschaftsschule in Niebüll besucht hatte, kam der Einberufungsbefehl ins Haus. Ich sollte mich am 16. April 1942 um zehn Uhr bei der Infanterie-Geschütz-Ersatz-Kompanie 58 melden.

Der Abschied von meinen Eltern und Geschwistern fiel schwer. Nun musste ich sie mit dem Hof und all den Sorgen und Nöten allein lassen und wusste, dass man mich entbehren würde.

Alexander, ein französischer Kriegsgefangener, war eine gute Stütze für uns geworden. Er hatte es gut bei uns und saß zu allen Mahlzeiten mit der Familie am Tisch. Dies war im Grunde streng untersagt. Alex, so nannten wir ihn, kam auch aus der Landwirtschaft. Er war allen ein lieber Hausgenosse geworden. Die Kriegsgefangenen waren im umgebauten Ende eines Stalles am ehemaligen Gut Lütjenhorn untergebracht. Nach dem Einmarsch der deutschen Truppen in Frankreich war er mit neunzehn Jahren in deutsche Kriegsgefangenschaft geraten. Im August 1940 kamen 45 französische Kriegsgefangene nach Lütjenhorn und wurden auf die umliegenden Bauernhöfe verteilt. Mein Vater litt an einer unheilbaren Lungenkrankheit und konnte daher keine schwere Arbeit mehr verrichten. Alex kam morgens ans Krankenbett meines Vaters, um den Arbeitsablauf für den Tag zu besprechen.

Ich selbst war froh, dass Alex da war und wusste, dass er gerade in dieser Zeit besonders gebraucht wurde. Bis zum Einzug der britischen Truppen im Mai 1945 blieb er bei meiner Familie. Alex und ich waren zwei junge Menschen damals verfeindeter Nachbarstaaten, denen der Weg durch die Kriegsgefangenschaft nicht erspart blieb oder bleiben sollte. War es nicht irgendwie

Ironie des Schicksals?

Meine älteste Schwester begleitete mich auf dem Fahrrad zum Bahnhof nach Sprakebüll. Mit einem Pappkarton unterm Arm, in dem sich ein paar Habseligkeiten befanden, fuhr ich mit dem Zug nach Flensburg und meldete mich bei der zuständigen Dienststelle dieser Einheit, die sich vorübergehend in der Horst-Wessel-Schule, der jetzigen Ramsharder-Schule, in Flensburg eingerichtet hatte.

Noch am gleichen Tag marschierten wir Rekruten zur Duburg-Kaserne, um dort unsere feldmarschmäßige Ausrüstung entgegenzunehmen. Schlangestehend warteten wir auf unsere persönliche Ausrüstung. Ein wichtigtuender Gefreiter mit taxierendem, hämischen Blick holte Uniform und Unterwäsche aus irgendeinem Regal hervor und knallte uns dies auf den Tisch. Umtauschwünsche wurden meistens ignoriert. Mit einem Schlag auf den Stahlhelm und dem dazu gehörenden Wort „Passt", waren wir nunmehr unserem weiteren Soldatenschicksal ausgeliefert. Reithose und -stiefel und ein Paar Sporen gehörten ebenfalls zu meiner Ausrüstung. Damit war mir klar geworden, dass das Pferd bei meiner künftigen Ausbildung und Soldatenzeit eine Rolle spielen würde. Der Rat meines Vaters war: „Sieh zu, dass du bei den Pferden ausgebildet wirst, denn dann bist du immer ein Stück weg von der Front." Dieser Tipp leuchtete mir ein. Er gab ihn mir, weil er diese Erfahrung im Ersten Weltkrieg gemacht hatte. Dennoch sollte mein weiterer Weg anders verlaufen.

Eine weitere Rekrutengruppe dieser Einheit wurde am Infanteriegeschütz sowie auch am Richtkreis ausgebildet. Entsprechend unserer künftigen „Verwendung" stellte man die Gruppen zusammen. Kaum hatten wir unser Zivil mit der Uniform getauscht, begann auf dem dortigen Schulgelände der militärische Drill. „Ihr faulen Säcke, ihr könnt nicht mal richtig gehen!", kam es laut aus der Kehle des Ausbilders. „Hinlegen! Sprung auf, marsch, marsch! Und außerdem, das Denken müsst ihr den Pferden überlassen, denn die haben den größeren Kopf dazu!" An diesen barschen Umgangston von Unteroffizier Blase, einem Ostfriesen mit eingezogenem Kinn, der Fronterfahrung hatte, mussten wir uns zwangsläufig gewöhnen. Er blieb ein Rekrutenschreck in Person, und wir hatten ihn alle so richtig „gefressen". Doch, irgendwann wurde auch er einmal zahm.

Der junge Autor in seiner Soldatenuniform.

Unsere erste Fahrt ging nach Dänemark zu unserer Ausbildungseinheit. Die Infanterie Geschütz-Ersatz-Kompanie 58 lag in Ringsted auf der Insel Seeland. Hier waren wir in einer alten dänischen Kaserne untergebracht. Die Stuben wurden mit acht Mann belegt. Vier zweistöckige hölzerne Betten mit Strohsack, vier Doppelspinde, in der Mitte ein derber Tisch und acht Schemel, das war das Mobiliar unserer Bude. Wäsche und Uniform mussten exakt im Spind und auf dem Schemel „gebaut" werden, wobei auf Akkuratesse besonders geachtet wurde. Wer einmal beim Spindappell oder Stubendienst aufgefallen war, und dazu gehörte auch, wenn die Spindtür nicht abgeschlossen war (wegen Verleitung zum Kameradendiebstahl), dem drohte irgend eine ausgefallene Schikane. Spätestens am Wochenende sahen wir uns dann beim Strafexerzieren auf dem Kasernenhof wieder. Ja, selbst die Zahnbürste wurde genau in Augenschein genommen. Auch der Bettenbau unterlag dem kritischen Auge des Ausbilders. Beim Antreten zum Mittagessen wurden die Fingernägel noch einmal unter die Lupe genommen, denn diese durften keinen „Trauerrand" aufweisen.

Der Reitunterricht in der Halle und im Gelände fiel mir nicht schwer, da ich schon vor dem Kriege Reitunterricht bekommen hatte. Bei der Pferdepflege, dem Füttern oder der Stallwache ging es auch nicht ohne militärischen Drill. Ein besonders schikanöser Einfall des Futtermeisters war der „Entengang", bei dem man im Hockengang einen schweren Armeesattel mit vorgehaltenen Armen tragen musste. „Ich bin Soldat, ich bin es gerne!" musste dazu noch laut und deutlich gerufen werden. Dennoch hat mir diese harte Schule wenig ausgemacht. Durch die körperliche Arbeit in der Landwirtschaft und die Zeit in der HJ war der Körper sportlich durchtrainiert und auch in der Lage, Belastungen gut zu überstehen.

Nach vierzehn Tagen wurde die gesamte Rekrutenmannschaft mit feierlichem Gelübde auf „Führer, Volk und Vaterland" vereidigt und danach der erste Ausgang in die Stadt erlaubt. Ab nun durften wir die Sporen an die Reitstiefel schnallen. Auf diesen Augenblick waren wir Reiter besonders stolz, denn beim Gang durch die Stadt war der Klang unserer Sporen unüberhörbar.

Obwohl wir in Dänemark neben unserer Ausbildung auch die Aufgabe einer Besatzungsmacht ausübten, war die Bevölkerung uns gegenüber freundlich, zumal, wenn man bei uns ein paar dänisch klingende Namen mit der Endung -sen vernahm und wir hin und wieder plattdänisch sprachen. „Eigentlich seid ihr ja auch Dänen", sprach mich jemand an, und meinte damit sicherlich, dass die „eigentliche" Grenze die Eider sei. Die dänischen Mädchen dagegen und natürlich auch wir diskutierten nicht über Grenzen.

Bei den Übungen im Gelände wurde mir die Aufgabe eines Meldereiters übertragen. Ich war in meinem Element, wenn ich mit meinem Holsteiner Wallach „Uhlenbusch" im gestreckten Galopp über das Übungsgelände und die Hindernisse hinwegfegen durfte.

Eines Tages hieß es: „Alles packen und zum Abmarsch fertig machen!" Nach einer mehrtägigen Großübung, die als Abschluss für unsere zehnwöchige Grundausbildung galt, fuhren wir mit unserer gesamten Rekrutenmannschaft nach Deutschland zurück. In Itzehoe wurden wir zu einem Marschbataillon für die Ostfront zusammengestellt. Mein Vater besucht mich dort noch einmal. „Komm wieder gesund nach Hause, mein Junge", waren seine Abschiedsworte und seine feuchten Augen verrieten, dass ihm schwer ums Herz war. Schließlich zog der Sohn nun in den Krieg, und aus eigener Erfahrung wusste er, um was es bei diesem Abschied ging.

Unter Kameraden (Der Autor ist der neunte von links).

Nach einigen Tagen setzte sich ein langer Güterzug mit den jungen und noch unerfahrenen Soldaten und ihren Ausbildern in Bewegung. Zum ersten Mal fuhren wir in einem Viehwaggon. „Räder rollen für den Sieg", war auf einigen Waggons dick mit Kreide geschrieben. Die Fahrt ging über Dresden und Prag nach Döllersheim, einem Truppenübungsplatz bei Zwettl im Waldviertel von Österreich. Truppenübungsplätze waren in der Regel bei den Soldaten unbeliebt, und zu recht nannte man sie auch „Schleifacker". Außerdem haperte es dort an guter Verpflegung und Döllersheim war da auch keine Ausnahme. Verpflegung hatte bei uns jungen Soldaten stets einen hohen Stellenwert. Die langen Märsche in feldmarschmäßiger Ausrüstung durch die sehr hügelige Landschaft und die dazwischen liegenden infanteristischen Kampfeinlagen, das hatte manchen von uns so richtig zu schaffen gemacht. Selbst der Blick für die Schönheit dieser Landschaft war uns abhanden gekommen.

Es war eine himmlische Wohltat, wenn man seine müden Glieder lang ausstrecken durfte und sofort einschlief! Natürlich konnten wir damals noch nicht ahnen, dass diese Strapazen und Entbehrungen für uns junge Soldaten noch sehr viel größer werden würden.

Bahnfahrt zur Krim

Nach drei Wochen harter Ausbildung im österreichischen Döllersheim hieß es erneut: „Zum Abmarsch fertig machen!" Wieder stand ein langer Güterzug bereit, der uns zur Halbinsel Krim transportieren sollte. Inzwischen hatten wir es gelernt, uns mit etwa 50 Mann in einem Güterwagen für eine lange Reise einzurichten, welche über 1700 Kilometer lang sein würde. Eine komfortable Reise war dies nicht, denn zum Schlafen wurde die Wolldecke auf den harten Boden ausgebreitet. Ansonsten herrschte nur eine verhaltene Stimmung unter uns. Dichtgedrängt hockten wir im Güterwaggon und guckten aus der geöffneten Schiebetür. Das monotone Rattern der Güterwagen machte stumpfsinnig. Noch wussten wir nichts davon, was uns in den nächsten Tagen erwartete.

Der uns begleitende Unteroffizier Blase, der „Rekrutenschreck" aus Flensburg, war sichtlich bemüht, sich kumpelhaft zu zeigen, indem er versuchte, faule Witze zu erzählen. Diese kamen nur bedingt bei uns an. Man wusste nicht, ob man darüber lachen oder weinen sollte.

Über Wien ging die Fahrt durch die Ukraine, nach Kiew. Immer wieder beeindruckten uns die riesigen fruchtbaren Ackerflächen. Welch ein riesiges Land, von dem wir nur wenig wussten. Im eintönigen Takt ratterte der lange Güterzug Tag und Nacht über die schier endlose Strecke nach Süden. Von Ferne grüßten blühende Sonnenblumenfelder herüber. Ein schöner Anblick, den wir Norddeutschen bisher nicht kannten. Bezeichnend für die Ukraine waren die breiten Windschutzgürtel, welche sich durch diese fruchtbare Landschaft zogen.

Hin und wieder hielt unser Zug auf einem einsam gelegenem Bahnhof an, denn die Dampflokomotive musste in Abständen ihren Wasservorrat und Kohlen auffüllen. Hinter einem kleinen Bahnhofsgebäude entdeckte ich einen verrosteten Mähdrescher, den ersten, den ich jemals sah. Es war ein amerikanisches

Modell Marke McCormik, welches offenbar von einem Traktor gezogen wurde.

Die Eisenbahnstrecken in der Ukraine wurden von rumänischen und ungarischen Soldaten bewacht, die zu dieser Zeit auf deutscher Seite standen. Über Dnjepropetrowsk und Melitopol erreichten wir schließlich die Stadt Simferopol auf der Halbinsel Krim.

Beim Ausrufen des Gepäcks fiel mein Name. Aus einiger Entfernung rief mir ein Hauptmann zu: „Ingwersen, kommen Sie mal zu mir!" Mit Respekt knallte ich die Hacken zusammen und nahm Haltung an. „Wo kommen Sie her, Ingwersen" fragte er und bedeutete mir, ich bräuchte nicht stramm zu stehen. Nicht wissend, wen ich vor mir hatte, sagte ich, dass meine Heimat nahe der dänischen Grenze sei. „Ja, wo denn da?" fragte er weiter. Ich erklärte, dass ich in Lütjenhorn beheimatet sei. Darauf antwortete er: „Und ich bin Hans Möller und komme aus Weesby", und gab mir dann die Hand. Hiernach entspann sich ein lockeres Gespräch, woran ich mich später noch oft erinnerte, weil es mich hier in der Ferne an die vertraute Heimat denken ließ und mich auf seltsame Weise tröstete. Hans Möller war ein Sohn des Bauern Lorenz Möller aus Weesby, einem kleinen Dorf wenige Kilometer von Lütjenhorn entfernt. Als Bataillonskommandeur ist Hans Möller später in Kurland gefallen.

Unsere Marschkompanie war als Ersatz für die 170. Infanteriedivision (ID) bestimmt, welche im Sommer 1942 beim 28tägigen Angriff auf Sewastopol eingesetzt war und Verluste dabei erlitten hatte. Mit unserem Ersatz sollten die entstandenen Lücken wieder aufgefüllt werden. Ich wurde der 13. Komp. IR (Infanterieregiment) 391 zugeteilt. Diese Einheit lag in einem kleinen Ort bei Bachtstschisaraj, etwa 40 km von Simferopol entfernt. Es war eine norddeutsche Einheit, in der man viele Kameraden aus der eigenen Heimat traf. Die Einheit hatte ihr Zeltlager in einer großen Obstanlage, nahe eines kleinen Dorfes, aufgeschlagen. Zu dieser Jahreszeit war es sehr warm dort. Die Landser liefen während ihrer Freizeit mit bloßem

Oberkörper herum und waren braun gebrannt. Als Brotration stand Maisbrot auf dem Speiseplan, doch dieses ersetzte unser bekömmliches Kommisbrot keineswegs. Mein Magen streikte und antwortete mit flottem Durchfall. Da die Kohletabletten ausgegangen waren, riet uns der Sanitäter, das Maisbrot über Feuer etwas schwarz werden zu lassen und es danach zu zerkauen. Dies war eine unappetitliche Angelegenheit, hatte aber schließlich Erfolg.

Erstmalig erblickte ich ein schlankes Minarett, von dem aus ein moslemischer Geistlicher morgens und abends zum Gebet aufrief. Auf der Krim leben u.a. Tataren, die dem moslemischen Glauben angehören. Auf den Treppen zu den Hauseingängen saßen Kinder und Erwachsene, die uns misstrauisch betrachteten. Sie gingen ihrer Lieblingsbeschäftigung nach, dem Dorfpalaver und dem damit verbundenen Verzehr von Sonnenblumenkernen (Semetschki). Man steckte sich eine kleine Handvoll dieser Kerne in den Mund, sondierte dann eines zwischen die Schneidezähne, trennte den Inhalt des Kerns und spuckte dann die Spelze in hohem Bogen aus. Alles sah so einfach aus, doch an eigener Erfahrung gemessen, war dies eine artistische Leistung der Kauorgane. Übrigens: Sonnenblumen gehörten damalig zu den Grundnahrungsmitteln der dortigen Bevölkerung.

Es stellte sich aber bald heraus, dass ich trotz meiner Ausbildung keine Verwendung bei den Pferden finden sollte, sondern den Fernsprechern zugeteilt wurde. Über diesen Wechsel war ich zunächst schwer enttäuscht, habe es aber später nicht bereut.

Latrinenparolen kursierten, dass die 170. Infanterie-Division nach Leningrad verlegt werden sollte. Diesem Gerücht folgte die Tatsache auf dem Fuße. Auf dem Bahnhof in Simferopol stand ein langer Güterzug bereit, auf den die gesamte 13. Kompanie, mit ihrer Mannschaft, Pferden, Geschützen, allem dazugehörigen Gerät, sowie die Versorgung für Mensch und Tier, verladen wurde. Wir jungen Soldaten wurden nun auf die einzelnen Züge der Kompanie verteilt. Noch wussten wir nicht, was uns künftig erwarten würde. Aufmerksam horchten wir den erfahrenen Landsern, was sie sich vom Sturm auf die Festung Sewastopol zu erzählen hatten. Sie hatten bereits Fronterfahrung, wie man aus ihren Gesprächen vernehmen konnte.

Und wieder grüßten uns die riesigen leuchtenden Sonnenblumenfelder der Ukraine. Die ungarische Bewachung der Bahnstrecke winkte uns zu. Nach einigen Stunden Bahnfahrt hielt der Zug auf einsamen Bahnhof an, um Mensch und Tier zu versorgen. Wir, die noch nicht „Eingegliederten," verhielten uns still, mussten die neuen Eindrücke verdauen. Auch während der Fahrt bereitete der Koch warme Mahlzeiten und Kaffee für uns vor. Für das leibliche Wohl war so gesorgt. Der Zug fuhr gen Norden, die Landschaft veränderte sich und wurde eintönig.

Nach fast zweitausend Kilometer langer Bahnfahrt erreichten wir schließlich den Ort Tosno, der etwa fünfzig Kilometer von Leningrad entfernt liegt. Die Fahrt hatte zehn Tage gedauert.

Die klimatischen und landschaftlichen Unterschiede zwischen der malerischen Krim und der sumpfigen Fluss- und Moorlandschaft um Leningrad waren groß. Im Mittelmeerklima der Krim gediehen Wein, Südfrüchte und Tabak prächtig, es war warm, einfach herrlich. Hier um Leningrad hatte sich die Birke im moorigen Boden breit gemacht. Eine gottverlassene Gegend. Die morastigen Wege waren bodenlos und meistens als Knüppeldamm ausgebaut. Erst als „Väterchen Frost" kam, wie der russische Winter genannt wurde, waren die Wege wieder passierbar. Gegen die große Mückenplage konnte ein Mückennetz nur bedingt helfen. Dieses wurden über Mütze oder Stahlhelm gestülpt.

3. Kapitel

Meine Feuertaufe

Leningrad war von den deutschen Truppen eingeschlossen und hatte zum übrigen Mutterland keine feste Landverbindung mehr. Ich machte mir Gedanken. Welchen Entbehrungen mögen die Menschen dort wohl ausgesetzt sein? Doch für Rührseligkeiten lässt ein Krieg nur wenig Raum.

Für uns „jungen Hüpfer", wie man uns beiläufig bezeichnete, wurde der Krieg nun ernst. Wir fragen uns, was uns die nächsten Tage bringen würden.

Die deutschen Divisionen, die von der Krim in den Nordabschnitt verlegt worden waren, hatten den Auftrag, Leningrad zur Kapitulation zu zwingen. Von den Ssinjawinohöhen und der Wolchow-Front versuchten die russischen Einheiten fortwährend, einen Stoßkeil nach Leningrad voranzutreiben, um die Stadt aus ihrer Umklammerung zu befreien. Diesseits der Newa hatten die Russen einen kleinen Brückenkopf, den sie zäh verteidigten. Der Abstand bis zur Wolchow-Front betrug nur noch sechs Kilometer. Dies war nicht viel! Unsere Division hatte den Auftrag, die Ssinjawinohöhen, die

Schlüsselburg während des Krieges.

32

inmitten dieser Sumpflandschaft eine strategische Bedeutung hatten, einzunehmen, um dadurch ein weiteres Vordringen der russischen Truppen zu stoppen. Endgültig erreichten die deutschen Truppen dieses Ziel jedoch nicht. In den Wintermonaten konnten die russischen Einsatzkräfte die Versorgung Leningrads über den zugefrorenen Ladogasee notdürftig aufrechterhalten. Dies ersparte der Stadt und den Menschen einiges Leid. Leningrad wurde insgesamt neunhundert Tage von deutschen Truppen belagert.

Beim Tross, der sich nur wenige Kilometer hinter der Frontlinie befand, wurde ich als Nachrichtenmann ausgebildet. Jetzt mühte ich mich nicht mehr mit Pferden ab sondern mit Feldfernsprecher und Kabeltrommel. Das Verlegen von Kabelverbindungen zwischen der Feuerstellung, dort wo unsere Infanteriegeschütze in Stellung lagen, und der Beobachtungsstelle an vorderster Front, war meine künftige Aufgabe. Die Entfernung dazwischen betrug etwa 1,5 bis 2,0 km. Über einen Feldfernsprecher wurden alle Feuerkommandos vermittelt. Eine klare Aussprache des Nachrichtenmanns wurde eifrig geübt. Diese Ausbildung fand mein Interesse, sie war interessant und abwechslungsreich. Aber mit dem Kriegsgeschehen war ich nun immer auf „Tuchfühlung".

Ende August 1942 ging unsere Einheit vor den Ssinjawinohöhen in Stellung. Der VB-Trupp, Oberfeldwebel Köhler, Unteroffizier Alberts und ich als junger Nachrichtenmann, richteten unsere VB-Stelle (Vorgeschobene Beobachtungsstelle) in der Hauptkampflinie (HKL) ein. Mit stundenlangem Artilleriebeschuss und starker Bombardierung der russischen Stellungen begann die deutsche Offensive. Unsere Infanteriegeschütze waren auf die etwa zweihundert Meter von uns entfernten russischen Bunkeranlagen sowie auf MG- und Granatwerferstellungen der russischen Frontlinie gerichtet. Durch das Scherenfernrohr beobachtete der Oberfeldwebel die Einschläge unserer Geschütze und gab entsprechende Befehle, die ich dann über das Feldtelefon an unsere Feuerstellung weitergab. Hin und wieder wurde mir erlaubt, einen Blick durchs Scherenfernrohr zu tun, um die Einschläge unserer Geschütze zu beobachten. Ansonsten kauerte ich in einem kleinen Unterstand am Feldtelefon. Der Boden bebte. Auch von der gegnerischen Seite wurde mit Granaten aller Kaliber und MG-Feuer auf uns geschossen... Die Einschläge der gegnerischen Artillerie und Granatwerfer waren ganz nah bei uns. Ich zitterte am ganzen Körper und bangte um mein Leben, doch es gab keinen Pardon. Im Sturzflug, der von einem furchterregenden Heulton begleitet war, warfen deutsche Stukas (Sturmkampfbomber) (Ju 87) Bomben auf die russischen Stellungen. Damit die Piloten unsere Stellungen erkennen konnten, wurden diese mit Hakenkreuztüchern kenntlich gemacht. Eine eigene Bombe, die zu früh ausgeklinkt worden war, wäre uns fast zum Verhängnis geworden. Sie krepierte nur wenige Meter hinter uns. „Noch mal Glück gehabt!" meinte mein Oberfeldwebel und betrachtete mein blasses Gesicht.

Nach einigen Tagen waren die Ssinjawinohöhen wieder in deutscher Hand. Zum ersten Mal sah ich viele gefallene russische Soldaten, die später von russischen Kriegsgefangenen weggebracht und bestattet wurden. Ab nun wurde der Krieg für uns zur Tagesordnung, dieser Anblick ging mir unter die Haut. Nein, Krieg war nicht meine Sache!

Noch nach Tagen zog Verwesungsgeruch über die Kriegslandschaft hinweg. Es war alles so ganz anders, als das, was man bisher nur in den Wochenschauen der Kinos der damaligen Gaufilmstelle (damals in der Durchfahrt der Gastwirtschaft unseres Nachbarortes Sprakebüll) zu sehen bekam. Nur Erfolge der deutschen Truppen wurden gezeigt. Niederlagen passten nicht in das Gesamtbild.

Nach vier Tagen wurde unser VB-Trupp abgelöst. In der Feuerstellung konnten wir uns von den Strapazen der letzten Tage ein wenig erholen, machten aber auch dort unseren Wach- und Telefondienst.

Am Brückenkopf war es immer mulmig

Anschließend wurde unsere Einheit an den Brückenkopf verlegt, den ich beschrieben hatte. Dieser Frontabschnitt blieb für uns besonders problematisch. Unserer Division gelang es nicht, den Gegner auf die andere Seite der Newa zurück zu werfen. Unsere Stellungen waren oftmals nur einen Handgranatenwurf weit von einander entfernt. Wenn eine russische Handgranate in unserem Schützengraben landete, musste blitzschnell reagiert werden. Entweder das Ding sofort zurückwerfen oder in volle Deckung gehen. Die russischen Scharfschützen waren mit einem Zielfernrohr ausgerüstet und machten uns damit das Leben besonders schwer. Die Schützen schossen erstaunlich genau und es war keine Seltenheit, dass eine russische Gewehrkugel durch den nur zehn Zentimeter hohen Sehschlitz bei uns in die Rückwand der B-Stelle einschlug. Wir schauten uns an: Glück gehabt! Alles war wie ein Katz- und Mausspiel. Dank des Scherenfernrohrs war der Beobachter in Deckung. Manchmal bauten wir uns eine zweite B-Stelle, um mit einem seitlichen Stellungswechsel den Gegner abzulenken. Die russischen Scharfschützen waren uns weit überlegen. Bei der Deutschen Wehrmacht gab es zu dieser Zeit noch keine ausgebildeten Scharfschützen. Das kam erst später.

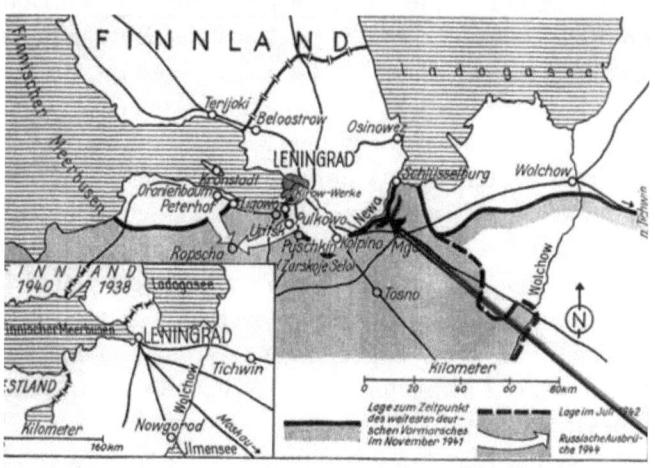

4. Kapitel

Kälte und Tod

Es wurde Herbst und „General Schlamm" übernahm die Herrschaft. Sehr bald setzte auch der russische Winter ein. Der Abstand zwischen der Wolchow- und der Leningradfront, die hier entlang des Newa-Ufers verlief, betrug nunmehr etwa sechzehn Kilometer. Von beiden Seiten wurden wir mit Artilleriefeuer eingedeckt und für unsere Truppen blieb die Lage weiterhin heikel. Die Umrisse Leningrads waren durch das Scherenfernrohr nur schemenhaft zu erkennen. Bei meinen Kameraden von der B-Stelle hatte ich Gelegenheit, auf eine Landkarte zu schauen. Es war mir immer ein Bedürfnis, mir meinen jeweiligen Standort einzuprägen. Im Grunde war meine Neugierde diesbezüglich unersättlich.

Bei Dunkelheit überflog uns regelmäßig ein russisches Kleinflugzeug. Nach seinem Gebrumm zu urteilen, konnte es mit einem Dieselmotor ausgestattet sein. „Kaffeemühle" oder auch „Lahme Ente" nannten wir diesen kleinen Bomber. Wenn der Pilot glaubte, ein Ziel bei uns ausgemacht zu haben, drosselte er seinen Motor, warf im Gleitflug eine Bombe ab, gab anschließend Gas und flog von dannen, um neue „Ladung" zu holen. Diese Taktik kannten wir inzwischen. Dank der dünnbesetzten Stellungen wurde nur selten ein Ziel getroffen. Wenn eine Bombe auf den moorigen Boden fiel, war die Wirkung ohnehin gering, da der Splittersegen senkrecht nach oben ging. Fiel jedoch eine Bombe in unsere Nähe, lagen wir flach auf dem Boden, bis der Detonationskrach und das Schwingen der Erde abgeklungen waren. Außer Bomben flatterten auch Flugblätter in deutscher Sprache hernieder. Mit diesen sollte versucht werden, die deutschen Soldaten zu demoralisieren. Man lud uns förmlich dazu ein, uns freiwillig zu ergeben. Täglich zwei warme Mahlzeiten und jede Menge Mädchen wurden obendrein versprochen. Ich steckte mir ein solches Flugblatt in die Brieftasche. So gelangte es schließlich bis in die Heimat, wo es mir um Haaresbreite zum Verhängnis wurde, aber davon später mehr.

Aber auch unsere Seite war mit der Propaganda nicht untätig. Nachts kamen deutsche Offiziere von der Propaganda-Kompanie, die in Begleitung russisch sprechender Frauen waren. Diese trugen ebenfalls eine Wehrmachtsuniform. Von dieser Einheit wurden in unseren Schützengräben Lautsprecheranlagen aufgebaut. Durch die kalte und sternenklare Winternacht erschallten russische Frauenstimmen. Leider habe ich kein Wort von dem verstanden. Von drüben her versuchte man unsere „Goebbelsschnauze", wie wir sie nannten, mit Granatwerferfeuer zum Schweigen zu bringen, welches aber nicht gelang.

Wenn unser VB-Trupp seinen Dienst „hinten", also in der Feuerstellung oder beim Tross machte, konnten wir uns der eigenen gründlichen Körperpflege widmen, welches uns gut tat. Hier, knapp zwei Kilometer hinter der Frontlinie, bot sich für uns ein Saunabad an. Uns war diese Art der Körperreinigung noch völlig unbekannt. Am Ufer eines Baches standen kleine Holzhütten mit Saunas. Nach einer halben Stunde, in Schweiß gebadet, sprang man anschließend in das kalte Wasser, selbst dann, wenn sich darauf schon eine dünne Eisdecke befand. Zuerst war diese Prozedur für uns noch gewöhnungsbedürftig, doch schließlich überwog die wohltuende Erquickung, welche einem zugleich das Gefühl der Reinigung gab. Die Plage mit den Läusen war für uns ein Kreuz geworden. „Wir haben keine Läuse, aber die haben uns," ging der Spott um. Ein großer Teil unserer Freizeit verbrachten wir mit dem „Knacken" dieser Plagegeister, welches mit beiden Daumennägeln vollbracht wurde. Beim Saunieren bot sich außerdem eine gute Gelegenheit, die verlauste Kleidung über die erhitzten Steine zu hängen. Diese Prozedur ertrugen die meisten dieser „kleinen Kameraden" nicht, so dass wir für einige Tage etwas Ruhe vor den Plagegeistern hatten. Aber nicht nur mit Läusen hatten wir es zu tun, auch Wanzen konnten uns das Leben im Bunker schwer machen.

Wegen sogenannter „Feindeinsicht" kam unsere Verpflegung oftmals erst bei Dunkelheit im Schützengraben an. Es blieb daher nicht aus, dass wir die Suppe oder das Sauerkraut im kalten oder auch im gefrorenem Zustand verzehren mussten. Dies bekam so manchem Magen gar nicht gut, aber ein Feuer konnte man sich in vorderster Front nur schwerlich machen, denn das hätte die eigene Stellung verraten.

Die Kriegsweihnacht 1942 verbrachte ich mit meinen Kameraden des VB-Trupps in einem Bunker unserer Feuerstellung. Eine Schneedecke überzog die verwüstete, trostlose Landschaft. Zerschossene Bäume reckten sich gespenstisch in den Weihnachtshimmel.

Rechtzeitig zum Weihnachtsfest war das langersehnte Feldpostpaket aus der Heimat eingetroffen. Beim Öffnen verbreitete sich rasch der Duft von Pfeffernüssen und anderem Weihnachtsgebäck. Dazwischen befanden sich Pulswärmer, die meine besorgte Mutter für ihren Sohn im kalten Russland gestrickt hatte. In unserer kleinen Bunkergemeinschaft machten Kuchendosen und Pappschachteln ihre Runde. So lernte man Kostproben weihnachtlichen Gebäcks von Österreich bis Schleswig-Holstein kennen. Für uns Soldaten in der Hauptkampflinie (HKL) gab es Marketenderwaren. Das sogenannte „Führerpaket" mit Stollen, Rotwein und Gebäck gab es zu Weihnachten. Ein Hindenburglicht (Teelicht) konnte den Erdbunker nur dürftig erhellen. Der kleine Ofen knisterte und strahlte behagliche Wärme aus. Schließlich machte eine Schnapsflasche die Runde, die den eigentlichen Sinn dieses Tages in weite Ferne rücken ließ. Dennoch waren die Gedanken bei den Familien in der fernen Heimat. Aus dem Wehrmachtsradio erklangen vertraute Weihnachtslieder. Ein Weihnachtslied anzustimmen, kam uns kaum in den Sinn. Obwohl uns die gegnerische Seite in dieser Nacht in Ruhe ließ, wollte eine weihnachtliche Stimmung nicht so recht aufkommen. Sicherlich gab es keine diesbezüglichen Abmachungen, aber im

Gegenzug ließen wir die russischen Stellungen am 6. Januar, dem orthodoxen Weihnachtsfest, ebenfalls in Ruhe.

Die Feldpost blieb eine Brücke zur Heimat. Unzählige Briefe habe ich während meiner Soldatenzeit geschrieben und auch erhalten. Zumeist war es meine Mutter, die mir schrieb. Die große Sorge um den Sohn klang immer wieder durch.

Ich hatt' einen Kameraden

Auch unsere Feuerstellung lag oftmals unter starkem Artilleriebeschuss und es kam auch bei uns zu Verlusten.

Ein Kamerad von mir stand Wache. Plötzlich schlugen Granaten bei uns ein. Zu dieser Zeit hielt ich mich in einem Erdbunker auf. Die Erde bebte. Meine Kameraden und ich eilten schnell heraus, um zu sehen, ob etwas passiert wäre. Mein Kamerad Sigi aus Hamburg war von Granatsplittern getroffen worden, er war tot. Ich wurde gefragt, ob ich unseren Kameraden zum Soldatenfriedhof fahren würde, da ich doch bei den Pferden ausgebildet worden wäre. Ich erklärte mich bereit, diese Ehrenpflicht zu übernehmen. Meinen toten Kameraden fuhr ich mit einem Panjewagen, der von einem Pferd gezogen wurde, zu seiner letzten Ruhestätte auf dem nächsten Soldatenfriedhof. Das Eingangstor, welches aus weißen Birkenstämmen gezimmert war, konnte man nicht übersehen. Dahinter schier endlose Reihen von Birkenkreuzen. Bei meiner Ankunft meldete ich mich beim zuständigen Friedhofskommando der Deutschen Wehrmacht. Das Friedhofskommando begleitete mich bis zu einer Reihe, wo sich einige frisch ausgehobene Grabstellen befanden. Meinem toten Kameraden wurde eine Hälfte seiner Erkennungsmarke abgebrochen und registriert. Mit der am toten Körper verbliebenen Hälfte der Marke wurde mein Kamerad wieder in die Zeltplane gewickelt und bestattet. Mir wurde die Sinnlosigkeit eines Krieges gegenwärtig und ich stellte mir die bange Frage: Und wann bist du dran?

5. Kapitel

Meine erste Verwundung

Im Winter 1942/43 blieb es bis auf gelegentliche Störungsfeuer von beiden Seiten den Umständen entsprechend ruhig. Mit dem Einzug des russischen Winters bestimmten Schnee und Kälte das Kriegsgeschehen. Der Schnee knirschte unter den Knobelbechern. Unsere Winterbekleidung war nur dürftig. Über unsere Uniform stülpten wir ein weißes Schneehemd, um in der weißen Winterlandschaft getarnt zu sein.

Es war der 30. Januar 1943 spät abends. Ich war in der Feuerstellung und hatte es mir im Bunker auf der Pritsche bequem gemacht. Plötzlich wurde gemeldet, dass unsere Leitung zur B-Stelle gestört wäre und das hieß: die Nachrichtenmänner mussten raus, um diese Störung zu beheben. Mit meinem Kameraden Ulli aus Magdeburg ging ich auf die Störungssuche, um das defekte Kabel zu reparieren. Wir ließen das Verbindungskabel zwischen Feuerstellung und VB-Stelle durch unsere Hand gleiten. In mondheller Winternacht gelangten wir an eine Wegekreuzung, die ständig von russischer Artillerie unter Beschuss genommen wurde. Unter diesen Umständen war unser Auftrag nur schwer zu erfüllen. Die vielen Kabelverbindungen zu den einzelnen Einheiten kreuzten sich hier, aber durch die Granateinschläge war ein Gewirr von zerfetzten Kabeln entstanden. Kabelsalat nannten wir so etwas. Nur wenige Meter von mir entfernt schlug eine Granate ein. Ich sank zu Boden, es hatte mich erwischt. Durch einen Granatsplitter war ich am linken Oberschenkel verwundet worden. Mein Kamerad Ulli blieb unverletzt. In einem frischen Granattrichter legte er mir einen notdürftigen Verband an. Humpelnd und von Ulli abgestützt erreichte ich schließlich wieder unsere Feuerstellung. Noch in der Nacht wurde ich mit einem Panjewagen, auf dem ein Strohsack ausgebreitet war, zu einem Truppen-Verbandsplatz gefahren. Über die gefrorenen Schlammwege und Knüppeldämme hüpfte der kleine Wagen hin und her. Diese Fahrt war sehr qualvoll für mich und ich merkte, dass Blut durch den Verband sickerte.

Am nächsten Morgen ging die Fahrt mit einem Sanka (Sanitätskraftwagen) weiter nach Krassnowardeisk. Ein Lazarettzug, mit bulgarischem Sanitäts-Personal besetzt, fuhr dann über Dünaburg und Wilna nach Tapiau in Ostpreußen (Bulgarien kämpfte damals auf deutscher Seite). Nach unserer Ankunft wurden alle entlaust. Ich auch, denn diese Plagegeister hatten sich inzwischen unter meinem Mullverband eingenistet. Der Juckreiz war unerträglich. Ich wurde in eine Wanne gelegt und anschließend von Krankenschwestern ordentlich abgeschrubbt. Schließlich fand ich mich in einem frischbezogenen Krankenbett wieder. Rundherum war alles so freundlich und sauber. Nach den vergangenen Monaten im Dreck und Schlamm fühlte man sich wie „Gott in Frankreich". Hier in Tapiau wurde mir der Granatsplitter herausoperiert. Als ich noch humpelnd auf dem Flur die ersten Gehversuche machte, sprach mich ein Mitpatient an. Dem Leutnant war mein jugendliches Aussehen aufgefallen. Nachdem ich ihm sagte, dass ich 19 Jahre alt wäre, sagte er: „Na, heute nimmt man wohl schon unsere großen Jungs für den Krieg." Und damit hatte er wohl recht.

Aus dem Radio vernahmen wir die unheilvolle Nachricht, dass Stalingrad von den deutschen Truppen aufgegeben worden sei. Unheildrohend vernahmen wir die Kapitulation der 6. Armee unter Generalfeldmarschall Paulus. Die Übermacht der sowjetischen Macht wurde mit Grauen und großem Zweifel an einen Sieg der deutschen Truppen aufgenommen. Es brach eine Wende in der Stimmungslage und der Zuversicht ein. Dieser lebensbedrohende Schlag ließ keine Hoffnung auf ein siegreiches Ende des Krieges mehr zu. Bei uns kamen ernsthafte Zweifel an der Unfehlbarkeit der Führerfigur Adolf Hitlers auf. Zudem ging der Kampf des Afrikakorps seinem Ende zu. Ein Angriff der Alliierten auf das europäische Festland war zu erwarten. Die Hoffnung auf eine vernünftige Abschätzung der militärischen wie auch der politischen Lage unseres Landes war hoffnungslos geworden. Aus dem Rundfunkgerät vernahm man eine aufpeitschende Rede von Joseph Goebbels, welche er im Berliner Sportpalast hielt. „...wollt ihr den totalen Krieg?" klang es in den vollbesetzten Saal hinein. Für uns heute schier unverständlich erklang ihm ein lautes und anhaltendes „Ja" entgegen. Vermutlich war es nur eine Minderheit des deutschen Volkes, die derart laut schreien konnte. Traurigkeit, Entsetzen, Angst und Bangen um die Zukunft unseres Landes begannen, um sich zu greifen.

In der Genesungskompanie

Bis Mitte April 1943 dauerte mein Lazarettaufenthalt. In der Sprache des Landsers sagte man sich: „Dies war ein richtiger Heimatschuss. Man war noch einmal davon gekommen und hatte Soldatenglück gehabt". Ich wurde wieder „kv", kriegsverwendungsfähig, geschrieben.

Mit meiner Entlassung bekam ich den Marschbefehl, mich bei meiner Ersatzeinheit, der Inf. Gesch. Ersatz. Komp. 58 in der Moltke-Kaserne in Schleswig zu melden. Ein vierwöchiger Genesungs- und Jahresurlaub schloss sich an. Für ein paar Tage, so hoffte ich, wollte ich den Krieg vergessen und die Uniform an den Nagel hängen. In diesen Wochen konnte ich mich für unseren Hof nützlich machen und das tat gut.

An einem Sonntagmorgen fuhr ich mit dem Fahrrad nach Leck, um dort in der Kirche an einem Gottesdienst teilzunehmen. Pastor Claussen hielt die Predigt. Obwohl sein Augenlicht nicht besonders gut war, erkannte er mich als seinen ehemaligen Konfirmanden. In seinem Schlussgebet bezog er die Soldaten und die Trauernden ein. Dass er aber „den Sieg fürs Vaterland und den geliebten Führer" in seinem Gebet auch einbezog, irritierte mich, da ich diese Worte aus seinem Mund nicht kannte. War dies nun aus Überzeugung gesprochen, oder war ihm diese Aussage von oben her als eine „zwingende

Notwendigkeit" aufoktroyiert worden? Ich dachte lange über die Kapitulation unserer Kirche vor dem Nationalsozialismus nach und war darüber schier verzweifelt.

In vielen Familien unseres Dorfes war tiefe Trauer eingekehrt, immer wieder wurden Lücken gerissen. Mancher Schulkamerad musste sein junges Leben hingeben und liegt irgendwo in Europa begraben.

Meine Urlaubstage vergingen viel zu schnell. In der Genesungskompanie wurde man wieder vom Soldatenalltag eingeholt, doch es ging nun alles etwas lockerer zu. Wir hatten Ausgang bis 22 Uhr. Die Stadt Schleswig mit ihrer schönen Umgebung hatte viel zu bieten.

Als Nachrichtenmann gehörte ich nunmehr einem Funktrupp an, der eine gesonderte Ausbildung an Sprechfunkgeräten bekam. Wir wurden in die Bedienung eines neuen Tornistergeräts eingewiesen, welches im UKW-Bereich arbeitete. Dieses Gerät wurde als Neuheit bei der Deutschen Wehrmacht eingeführt. Die Unterweisung war eine interessante Abwechslung und hat mir auch viel Spaß gemacht. Das lästige Strippenziehen war nun vorbei, so hoffte ich. Wir blieben als Funker immer eine kleine „besondere Einheit". Eine Funkverbindung musste immer klappen!

Mehrmals wöchentlich marschierte die gesamte Genesungskompanie auf das Übungsgelände am Falkenberg, nördlich von Schleswig. Dort wurde mit den Schützenkompanien zusammen der Kriegsalltag gedrillt. Mit viel Knallerei von Platzpatronen wurden Höhen eingenommen oder verteidigt. Unser Bewusstsein wurde fortwährend auf den Alltag des Krieges gelenkt.

In einer geselligen Runde, wie bei allen Soldaten dieser Welt, werden Fotos von der Liebsten und der Heimat gezeigt. Bei einer solchen Gelegenheit öffnete auch ich einmal meine Brieftasche. Und wie das Schicksal es wollte, fiel das russische Flugblatt herunter, welches ich bei Leningrad an der Front an mich genommen hatte. Es war zwischen meinen Fotos versteckt. Irgend ein Kamerad musste dieses bemerkt haben.

Aufgeregt sprach mich ein anderer Kamerad an: „Fresse das Ding schnell auf, bevor die es merken!" Ich verstand, worum es ging und vernichtete das russische Flugblatt sofort.

Offenbar hatte mich doch jemand verpetzt. Nach einigen Stunden erschienen zwei Offiziere in meiner Unterkunft. Man forderte mich auf, meine Brieftasche zu zeigen. Nachdem jedes Bild aufmerksam betrachtet worden war, und nichts Fragwürdiges gefunden wurde, gab man mir die Brieftasche zurück und zog grüßend ab. Für mich war es nunmehr klar, dass der lange Arm der Gestapo bis in den kleinsten Winkel unseres Staates hineinreichte – sogar in meine Brieftasche. Ich wusste aber auch, dass ich leichtfertig und naiv gehandelt hatte und mich mein jugendlicher Leichtsinn den Kopf hätte kosten können. Nach diesem Geschehnis atmete ich einmal mehr kräftig durch.

Nach einem nächtlichen Luftangriff auf Berlin stürzten bei Schleswig einige alliierte Bombenflugzeuge ab. Sechs britische und kanadische Besatzungsmitglieder kamen dabei ums Leben. Mit militärischen Ehren wurden sie in einem Gemeinschaftsgrab beigesetzt. Ich wurde als Sargträger abkommandiert. Mit einem Ehrensalut über das Gemeinschaftsgrab wurden sie ehrenhaft bestattet. Es war für mich beeindruckend, dass man über den Tod hinaus eine Feindschaft vergessen musste. Der evangelische Pastor verlas die Namen der Toten und erklärte, dass die Angehörigen über das Internationale Rote Kreuz in Genf benachrichtigt würden.

6. Kapitel

Der Krieg geht weiter

Vom 24. bis 30. Juli 1943 legten alliierte Bomberverbände Hamburg in Schutt und Asche. Unsere Genesungskompanie wurde gerufen, bei der Beseitigung der schlimmsten Schäden zu helfen. In Alsterdorf waren wir in einer Kaserne untergebracht, wo wir dann in Arbeitsgruppen eingeteilt wurden.

Ganze Stadtbezirke boten einen traurigen Anblick, waren zerbombt und ausgebrannt. Tote Fensterhöhlen glotzten uns an. Übelkeit erregender Verwesungsgeruch drang durch das Leichentuch aus Trümmern.

Hier erwartete uns nun ein tatkräftiger Einsatz. Aus zerbombten Häusern mussten Tote geborgen werden. Herzzerreißende Szenen spielten sich ab, wenn ein Angehöriger tot gefunden wurde. Straßenzüge wurden von Trümmern geräumt, aber auch bei der Instandsetzung der zentralen Wasserversorgung mussten wir helfend eingreifen. Dicht bei der Davidswache, im Stadtteil St. Pauli, klaffte ein riesiger Bombentrichter, der die gesamte Wasserversorgung dieses Stadtteils lahmgelegt hatte. Hier half ich bei der Reparatur einer 80 cm starken Rohrleitung.

Die Bevölkerung, es waren zumeist die Frauen, musste ihren Wasservorrat in Eimern von weit herbeischleppen. Auf ihren gefüllten Wassereimern schwammen Holzbrettchen, damit nichts vom köstlichen Nass herausschwappte.

Der Einsatz in den Trümmern der Zigarettenfabrik Reemtsma blieb mir in besonderer Erinnerung. Auch die Fabrikation von Zigaretten galt als „kriegswichtig". Man setzte alles daran, die Produktion wieder in Gang zu setzen. Die zum Teil ausgebrannten Fabrikanlagen konnten durch unseren tatkräftigen Einsatz wieder notdürftig hergerichtet werden. So durften wir miterleben, wie die Zigarettenproduktion wieder anlief. Fabrikbesitzer Reemtsma hielt eine Ansprache und ließ es sich nicht nehmen, jedem von uns als Dank für unsere Hilfe eine prallgefüllte Tüte mit Zigarettentabak zu übergeben. Für uns Landser bedeutete dies ein besonderer Reichtum.

Nach zwanzig Tagen Aufräumungseinsatz rief uns wieder die Soldatenpflicht. Es ging zurück zu unserer Einheit nach Schleswig.

Zurück an die Ostfront

Ende August 1943 wurde ich wieder an die Ostfront gerufen. Vorher gab es noch einen Kurzurlaub, um sich von den Lieben daheim zu verabschieden.

Mit mehreren Kameraden fuhren wir nun nach Hamburg-Wentorf, wo eine Marschkompanie für die 30. ID (Infanterie-Division) zusammengestellt wurde. Zu meiner früheren Einheit sollte ich also nicht zurückkehren. Zunächst hatte ich dieses bedauert, weil ich mich auf neue Kameraden und Vorgesetzte einstellen musste.

Obwohl es für uns inzwischen zur Routine geworden war, sich bestmöglichst für eine tagelange Fahrt im Güterwaggon einzurichten, dachte jeder von uns an seine Familie, seine Liebste und ob es ein Wiedersehen gab. Bei jedem Abschied flossen Tränen.

Über Stettin ging die Fahrt durch die Landschaft Pommerns, Frauen und junge Mädchen, die auf den Feldern mit Erntearbeiten beschäftigt waren, winkten uns zu. Bei Dunkelheit ratterte der Güterzug durch Ostpreußen und bei Deutsch-Eylau passierten wir die Grenze nach Litauen, Lettland und Estland. Wegen der Gefahr, dass russische Partisanen Minen auf den Gleisen abgelegt haben könnten, wurde kurz vor der russischen Grenze ein mit Kies beladener Waggon vor die Lokomotive geschoben. Wir erreichten Pleskau, dann Dno und schließlich waren wir in Staraja Russa, südlich des Ilmensees.

Die deutschen Truppen, und darunter auch die 30. Infanteriedivision, hatten den Kessel von Demjansk aufgegeben und bauten sich eine neue Verteidigungslinie von Staraja Russa bis zum Ilmensee auf. Die Divisionen aus diesem Kampfraum waren ausgeblutet. Bei Demjansk wurde die „Frontlinie begradigt", wie das Zurücknehmen eines Frontabschnitts im Wehrmachtsbericht künftig zu verstehen war. Beim Landser herrschte immer noch ein Stück Galgenhumor, denn er sagte ganz offen. „Vorwärts Kameraden, es geht zurück!". Mit der

Im sogenannten „Bratenrock".

Stalingrad-Katastrophe ging ein Schock durch die deutsche Bevölkerung. Die Stimmung schlug um. Laute Begeisterung war kaum zu hören. Nach außen schien noch alles intakt zu sein, doch Hitlers Reden im Radio wurden seltener.

Meine „Qualifikation" als Funker hatte sich herumgesprochen. Ich wurde dem 4. Zug der 13. Komp. Füsilierregiment 26 zugeteilt. Ich war also wieder bei einer Infanterie-Geschützkompanie gelandet. Der 4. Zug (schwerer Zug) war mit zwei schweren Infanteriegeschützen ausgerüstet (Kaliber 15 cm, die Reichweite war etwa 5 km und eine Granate wog 80 Pfund).

Das Gelände südlich des Ilmensees erinnerte an die Umgebung Leningrads: Birken, Morast und Mücken waren auch hier vorherrschend. Schützengräben, die einem Infanteristen in der vordersten Linie Schutz bieten sollen, konnten hier wegen des nahen Grundwassers nicht ausgehoben werden. Aus diesem Grunde hatten Pioniere ein Wallsystem im Zickzacksystem gebaut. Flache Bunker aus Baumstämmen dienten uns als Unterschlupf. Ende September setzte hier der Winter ein. Die Winterjacken, die wir inzwischen erhielten, wurden auf weiß gewendet und waren so der weißen Schneelandschaft angepasst.

Obwohl man in dieser Sumpflandschaft eine ruhige Front vermutete, war die Lage immer angespannt. Vor unserer Frontlinie hatten Pioniere einen Minengürtel verlegt. Auf unseren Frontkarten waren minenfreie Gassen eingezeichnet. Die russische Frontlinie verlief etwa 250 m von uns entfernt. Die oberirdischen Bunker waren als Stützpunkte ausgebaut und genau zu erkennen. Die russischen Wachen patrouillierten auf Skiern hin und her. Beim nächtlichen Wachdienst waren unsere Augen und Ohren ständig angespannt, alle Sinne geschärft. Jedes Geräusch und jede kleine Bewegung wurde wahrgenommen. Der Karabiner war immer im Anschlag und die MGs einsatzbereit. Hüben wie drüben stieg eine Leuchtkugel in den nächtlichen Himmel, um die Frontlinie auszuleuchten. Obwohl wir uns in diesem Frontabschnitt auf einen Stellungskrieg eingestellt hatten, mussten wir stets mit einem unerwarteten nächtlichen „Besuch" russischer Stoßtrupps rechnen. Unsere Maschinengewehrstände waren weit auseinander gezogen. Trotz der Minensperren schafften es die russischen Soldaten dennoch, sich bis dicht vor unsere Linie zu schleichen.

Unsere schweren Geschütze kamen hier nur wenig zum Einsatz, beide Seiten hatte sich auf einen winterlichen Stellungskrieg eingestellt. Die einschlagenden Granaten drangen tief ins moorige Erdreich ein und hatten daher nur eine geringe Splitterwirkung. Nur ein Volltreffer konnte für uns gefährlich werden, doch der hätte uns einen schnellen Tod beschert.

Alle zwei Tage lösten wir uns ab. Da ich bei dieser Einheit noch neu war, habe ich mir nicht alle Nachnamen meiner Kameraden eingeprägt. Unser Zugführer vom 4. Zug war Oberfeldwebel Uwe K., der aus der Lausitz stammte. Er und Hubert, ein Obergefreiter aus dem Holsteinischen, wechselten sich mit der Beobachtung der Frontlinie durch das Scherenfernrohr ab. Obwohl ich ständig für den Funkverkehr bereit sein musste, hatte ich oft Gelegenheit, mich mit dem Geschehen vor der Front vertraut zu machen. Wir drei waren eine kameradschaftliche Gemeinschaft und teilten uns alles, was es zu teilen gab, auch die erforderlichen Wachen und unseren niedrigen und feuchten Unterstand, der nur wenig höher als anderthalb Meter war.

7. Kapitel

Eine plötzliche Fiebererkrankung

Inzwischen war ich wieder über vier Monate an der Front. Anfang Dezember 1943 bekam ich plötzlich hohes Fieber. Unser Sanitäter ordnete eine sofortige Einlieferung in ein Feldlazarett an. Hier stellte der behandelnde Stabsarzt bei mir Wolhynisches Fieber fest, welches auch unter Sumpf-Fieber bekannt ist. Außerdem kam noch eine starke Stirnhöhlenentzündung hinzu. Das feuchte Leben in dieser Stellung mochte der Auslöser meiner Krankheit gewesen sein. Mit einem Lazarettzug gelangte ich nach Riga und wurde zunächst in einer Schule untergebracht. Meine Fiebererkrankung, die in Schüben bis über 40° C ging, besserte sich nicht. Daher wurde eine Verlegung in die Heimat angeordnet. Über diese Entscheidung war ich natürlich froh. Im Hafen von Riga lag ein gekaperter englischer Bananendampfer bereit, welcher Lasten, Urlauber, sowie Verwundete und Kranke an Bord nahm. Bei Dunkelheit legte das Schiff ab. Starker Seegang herrschte auf der Ostsee, was sehr unangenehm für uns war. Das langsame Auf und Ab des Schiffes schlug manchem von uns auf den Magen. Ob man es wollte oder nicht, Neptun wurde „geopfert" und auch mir erging es so – ich mochte weder leben noch sterben. Am nächsten Vormittag legte das Schiff in Danzig - Neufahrwasser an. Mit einem Lazarettzug ging die Fahrt dann über Stettin nach Celle an der Aller, wo ich in das Krankenhaus St. Josef-Stift eingeliefert wurde. Drei Monate lag ich dort in der Hals-Nasen-Ohrenabteilung dieser Klinik, wo auch meine Fiebererkrankung behandelt wurde. Die katholischen Schwestern betreuten uns fürsorglich. Im Behandlungszimmer der Oberin, in dem ich mir eine Spritze geben lassen sollte, hing ein einfacher Spruch, der mich in meinem Leben nie mehr losgelassen hat: Ich will!

Nachdem ich von meiner Krankheit kuriert worden war, wurde ich wieder diensttauglich geschrieben.

Und wieder Soldatenalltag

Ich meldete mich dann bei meiner neuen Ersatz-Einheit, der Inf. Gesch. Ers. Komp. 30, welche in Lübeck in der Marli-Kaserne stationiert war. Gleich nach meiner Ankunft trat ich meinen ersehnten Jahres- und Genesungsurlaub an. Endlich konnte ich mich wieder für einige Wochen dem elterlichen Betrieb zuwenden.

Wie immer ging auch diese Zeit viel zu schnell vorbei und wurde wieder vom üblichen Soldatentrott eingeholt. Beim ersten Appell wurde ich zum Obergefreiten befördert. Warum ich einige Wochen für die Aufgabe eines Ausbilders ausersehen worden war, weiß ich nicht. Dennoch, diese Erfahrung war für mich auch eine Bereicherung. Dass ich mit einem Mal „vorne" stand und Kommandos geben musste, war eine völlig neue Situation für mich. Kommandos zu geben, das hatte ich bereits in der HJ gelernt und war schnell mit dieser Materie vertraut. Ich übernahm nun eine Rekrutengruppe. So änderten sich die Zeiten. Wenn ich an die eigene Ausbildungszeit zurück dachte, war ich gescheucht worden. Und nun lag es an mir, dies auch bei den Rekruten zu veranlassen. Ich war jedoch stets bemüht, eine legere Art nach vorne zu kehren, was bei den jungen Soldaten natürlich ankam, doch der nach unten gerichtete Daumen meines Vorgesetzten deutete auf „mehr Druck" hin.

Über Herrnburg und der Palingerheide rückten wir zu einem mehrtägigem Manöver nach Mecklenburg aus. Dies war eine infanteristische Übung, die mit langen Tagesmärschen von 50 bis 60 km verbunden war. Im Kuhstall eines Gutes bei Grevesmühlen bezogen wir Quartier. Der Bürgermeister und der Ortsgruppenleiter der Partei hießen uns willkommen und luden uns alle zu einem bunten Abend in das Gemeinschaftshaus des Dorfes ein. Ein geselliger Abend stand auf dem Plan. Eine BDM-Gruppe führte Volkstänze auf, die NS-Frauenschaft reichte Gebäck und dazu gab es Glühwein. Die Gesichter der Mädels wirkten gelöst und waren ohne Schminke. Beim Betreten des Saales, wo sich der Duft von Kaffee und Kuchen mit frischem Grün vermengten, wirkten wir Soldaten mit unseren Knobelbechern etwas linkisch. Man gab sich viel Mühe, uns einen unterhaltsamen Abend zu bieten. Die wohltuende Gastlichkeit der Dorfschaft beeindruckte uns nachhaltig. Leider war der Gesellschaftstanz wegen der Kriegszeit abgesagt. Mancher Landser dachte bei sich: „Wäre doch der Krieg bald zu Ende!" Bei dem bekannten Lied: „Lasst doch der Jugend, der Jugend ihren Lauf ...!" schunkelte die fröhliche Schar.

Hinter der untergehenden Abendsonne zogen dunkle Wolken auf... Was verbarg sich dahinter?

In einem sauberen Stall diente uns eine dicke Lage Stroh als Nachtlager. Am nächsten Morgen marschierte unsere Kompanie nach Lübeck zurück. Ein Tagesmarsch von über 60 Kilometer, und dazu in feldmarschmäßiger Ausrüstung (etwa 20 kg schwer), das war eine Herausforderung, bei der es auch einige Blasen auf den Hacken gab. Uns war klar, dass wir wieder für den Einsatz in Russland vorbereitet wurden. Nach einer kleinen Rast, kurz vor den Toren Lübecks, setzte sich eine Militärkapelle vor unseren Marschblock. Mit Marschmusik marschierten wir nun durch die Stadt, und plötzlich war alle Müdigkeit aus den Gliedern verflogen, der gute Eindruck der Truppe blieb gewahrt.

8. Kapitel

Zum dritten Mal an die Front

Anfang Juli 1944 wurde wieder eine Marschkompanie für die Ostfront in Wentorf zusammengestellt, der ich zugeteilt wurde. Ob eine Reise an die Front inzwischen zur Routine geworden war? Nein! Wie viele meiner Kameraden, hatte auch ich die Nase gestrichen voll, nur, laut darüber zu reden, das riskierte niemand von uns.

Der Zug dampfte in Richtung Ostfront. An der Lokomotive war das übliche Schild angebracht: „Räder rollen für den Sieg". Wir fuhren durch Mecklenburg, Pommern, Ostpreußen über Dünaburg bis kurz vor Ostrow. Von Staraja Russa hatte sich unsere 30. Division auf die Linie Pleskau - Ostrow zurückziehen müssen und lag in der sog. Panther-Stellung. Es gab ein frohes Wiedersehen mit meinen Kameraden von der 13. Kompanie und viel auszutauschen. Leider waren inzwischen viele Kameraden gefallen, andere waren verwundet worden, neue waren hinzugekommen. Zwar nahm ich meine alte Dienststellung wieder ein, doch musste ich mich wieder auf neue Kameraden und Vorgesetzte einstellen.

Zur Eingewöhnung und zum Nachdenken blieb keine Zeit, es ging sofort in den Einsatz als Funker.

Von Pleskau nach Kurland, ein Weg am Rande des Daseins

Die folgenden Berichte über den Rückzug spiegeln die Situation unseres Rückzugs vom 20. Juli bis 28. Oktober 1944 wider und sind sehr von den eigenen Empfindungen geprägt, mit denen ich die Sinnlosigkeit, Aussichtslosigkeit des damaligen Siegenwollens eingeschätzt hatte. Für meine Kameraden und auch für mich gab es keine Möglichkeit, aus diesem

Pflichtbewusstsein auszubrechen. Wir waren zum gnadenlosen Durchhalten abgestempelt. Ich glaubte aber immer daran, meine Eltern und Schwestern wiederzusehen, und hatte darum nicht nur in schlimmen Situationen gebetet. Doch in einem Krieg hatte man nur wenig Chancen, sein eigenes Schicksal in die Hand zu nehmen. Es bleibt eine Sache von Zufälligkeit, Ungewissheit mit einem Fünkchen Hoffnung. Die Angst verwundet zu werden, einen gnadenlosen Tod (Heldentod?) zu erleiden oder gar in russische Kriegsgefangenschaft zu geraten, um danach nach Sibirien deportiert zu werden, das verdrängte man, bis man schließlich wieder von seiner Soldatenpflicht eingeholt wurde. Lange über einen Befehl zu diskutieren, das gab es nicht, man hat ihn nur zu wiederholen und danach auch auszuführen - egal wie.

Es gab natürlich auch Kameraden, die den Ehrgeiz besaßen, heldenhaft zu sein. Dies hatte ich nicht, tat aber stets meine Pflicht. Die vielen Einsätze in vorderster Linie haben mich geprägt. Ich beschreibe in diesem Zusammenhang auch nur solche Situationen, die ich als Funker in vorderster Front erlebte. Natürlich habe ich auch Einsätze in der Feuerstellung mitgemacht und machte auch dort meinen Funkerdienst. Wenn es erforderlich war, tat ich Dienst am Geschütz. Aber auch hier schlugen Granaten ein und es gab Tote. Den größten menschlichen Anforderungen war man jedoch in der vordersten Linie ausgesetzt, wenn man das Weiße vom Auge seines Gegners erkennen konnte.

Als Nachhut in Pleskau

Bei den Rückzugsbewegungen eines Frontabschnitts blieb eine kleine Einheit von fünf bis zehn Mann zur Sicherung in ihrer Stellung. Diese wurde als Nachhut bezeichnet. Für einige Stunden bleiben diese ohne Verbindung mit ihrer Einheit und waren somit ganz auf sich allein gestellt. So war die Situation an jenem 20./21. Juli 1944, die ich nie vergessen werde. Der Befehl lautete: „Die Rigaer-Brücke über die Welikaja bis um 6 Uhr morgens passieren. Danach Sprengung!"

Mit meinem Funkgerät konnte ich den Soldatensender Riga empfangen. Dies im Einsatz zu machen, war eigentlich streng untersagt. An jenem Abend lauschte ich besonders hin, denn es wurde eine wichtige Sondermeldung verbreitet, dass im Führerhauptquartier in Ostpreußen ein Attentat auf den Führer verübt worden war. Dieses sei jedoch fehlgeschlagen. Die markigen Worte Hitlers klingen mir heute noch in den Ohren. Den subversiven Kräften drohte er mit Vernichtung. Auch sollte der militärische Gruß abgeschafft werden. Stattdessen gelte nun der „Deutsche Gruß" bei allen Waffengattungen.

Zunächst blieb ich noch zurückhaltend und sagte meinen Kameraden nichts von dieser Meldung. Ich machte mir Gedanken. Was würde geschehen, wenn Hitler tatsächlich ermordet worden wäre? Was würden die Russen mit uns machen, die wir doch so weit in ihr Land eingedrungen und noch weit von unserer Heimat entfernt waren? Könnte überhaupt noch verhandelt werden? Kann dieser Krieg überhaupt gewonnen werden? Fragen über Fragen und verstärkte Zweifel an einen möglichen Sieg Deutschlands kamen auf, nicht nur bei mir. Die Änderung der Grußpflicht kam bei den Soldaten nicht an.

In der Nacht marschierte unser kleiner Trupp durch die gespenstische Stadt Pleskau. Kein Mensch ließ sich blicken. Es war unheimlich und wir mussten wachsam sein, vor allem vor den Partisanen. Alle waren angespannt. Den Finger hatten wir ständig am Abzug. So schlichen wir durch Pleskau und erreichten kurz vor 6 Uhr die Rigaer-Brücke. Von der anderen Seite her winkte man uns schon zu. Eilig schritten wir hinüber und erkannten, dass Pioniere Sprengladungen an die Brückenpfeilern platziert hatten. Es überkommt einem ein Schaudern, wenn man als Letzter über eine noch intakte Brücke läuft, die in wenigen Minuten in die Luft gesprengt wird. So war es dann auch. Die große Eisenbahnbrücke über die Welikaja krachte mit großem Getöse in sich zusammen. Durch diese Aktion sollte ein schnelles Nachrücken der russischen Truppen verhindert werden. Doch wer fronterfahren war, wusste, dass dies für unsere Truppen nur eine geringe Chance bedeutete. Das eingeprägte Bild vom Soldaten: Rückgrat der Armee,

Tapferkeit, Unerschrockenheit, Treue zum Fahneneid gerieten ins Wanken. Nur „stilles Heldentum" gewann an Wert.

Nun waren wir auf der Suche nach unserer Einheit, die zwischenzeitlich auch einen Stellungswechsel vorgenommen hatte.

9. Kapitel

Versprengt

Die russischen Armeen hatten sich südlich von uns zu einer Großoffensive in Stoßrichtung auf das Reich formiert. Für den Rest der Heeresgruppe Nord bestand nun die Gefahr, völlig vom Reichsgebiet abgeschnitten zu werden. Später trat dies dann auch so ein.

Unser Trupp, der nach Erfüllung seines Auftrags seine Einheit suchte, marschierte entlang der Eisenbahnlinie in Richtung Dünaburg. Eine Pioniereinheit sprengte die Bahnschienen. Plötzlich standen „Kettenhunde" (Feldgendarmerie) vor uns und fuchtelten mit ihren Pistolen. Im wenig freundlichen Ton bedeutete man uns: „Wenn ihr keinen Auftrag habt, müsst ihr umgehend wieder zurück an die Front zu eurer Einheit. Andernfalls kann man euch wegen Fahnenflucht festnehmen, oder von der Waffe Gebrauch machen." „Dieser blöde Kerl!", dachten wir, „der weiß nicht einmal, was vorne los ist!" Oberfähnrich Höhn, der unseren Trupp anführte, erklärte dann, dass wir Pleskau als Nachhut verlassen hätten und nun auf der Suche nach unserer Einheit wären. Schließlich hatte man ein Einsehen und entließ uns. Wir marschierten weiter und kamen an eine Straße, auf der viele motorisierte und bespannte deutsche Truppenverbände fuhren. Diesen schlossen wir uns zunächst an. Endlich fanden wir unsere Einheit wieder, welche bei einem kleinen Ort Rast machte. Wir waren nun im südlichen Zipfel von Estland und Lettland.

Ein verhängnisvolles Ende für Deutschland kündigte sich an.

Unsere stark geschwächte 30. Division war auf dem Rückzug in Richtung Dreiländereck Russland - Estland - Lettland. Ein weithin sichtbarer großer dunkler Hügel markierte diesen Punkt.

An einem Höhenzug bei Rogosi ging unsere Einheit wieder in Stellung. Die Infanterie „grub sich ein". Dies bedeutete für den Landser, dass er sich mit seinem kurzen Feldspaten ein 20 bis 30 cm tiefes Schützenloch aushob. Der Erdaushub diente ihm als Schutzwall, auf dem Gewehr oder MG schussbereit lagen. Da die russischen Verbände noch etwa 10 bis 15 km entfernt von uns waren, konnten wir unsere Stellung noch bei Tage ausbauen. Auch unser VB-Trupp richtete sich seine B-Stelle ein. Hinter einer Hauswand hatten wir uns eingegraben. Als „Bedachung" diente eine alte Tür. Die wenigen Stunden der Ruhe, nach all den Strapazen der letzten Tage, genossen wir ein wenig. Unsere Geschütze hatten sich auf die neue Frontlinie eingeschossen. Der Sprechfunk klappte.

9. August 1944. In der Ferne erkannten wir russische Fesselballons, von denen man unsere Frontbewegungen und die Verteidigungslinie genau beobachten konnte. Von der russischen Seite her vernahmen wir abends starke Motorengeräusche. Offensichtlich wurden dort Panzer und schwere Geschütze in Stellung gebracht. Von unserer Stellung beobachteten wir russische Spähtrupps. Alarmstimmung kam auf. Wieder waren Funksprüche abgefangen worden. (Auch die deutsche Seite hörte russische Funksprüche ab.) Am Abend bekamen wir die Meldung: Morgen um 6 Uhr greifen die Russen an.

10. August 1944 morgens um 6 Uhr. Wir kauerten angespannt in unserer Stellung. Ich hatte einen Stein im Magen und zitterte am ganzen Körper. Pünktlich setzte das angekündigte Trommelfeuer ein. Mit schwerer Artillerie, Granatwerfern und Salven aus der Stalinorgel wurde unsere Stellung stundenlang beschossen. Der Boden bebte. Man machte uns mürbe. Granattrichter an Granattrichter, ein erschreckender Anblick - eine Mondlandschaft. Man stellte sich die Frage, ob hier überhaupt noch ein Lebender herauskommt. Welch ein Wahnsinn! Ich betete zu Gott, warum wir dies alles ertragen und erleben mussten. Man hatte doch nichts Unrechtes getan! Oder doch? Die Verzweiflung über diese schier unausweichliche Situation, in die mich unser blinder Gehorsam gebracht hatte, drohte mich zu übermannen. Ich bekam Zweifel, ob ich jemals

diesem Inferno lebendig entweichen würde. Ich bat auch darum, meine Eltern und Schwestern noch einmal sehen zu dürfen.

Die Funkverbindung zu unserem 4. Zug war abgebrochen. Gegen acht Uhr hörte das Trommelfeuer endlich auf. Für einen Augenblick war alles still, unheimlich still. Die Ruhe vor dem Sturm, dem Angriff der russischen Armee. Im Schutze ihres Artilleriefeuers hatten sich die russische Infanterie und ihre Panzer bis dicht an unsere Stellung „vorgearbeitet". Für uns wurde die Lage nun äußerst brenzlig. Wir hörten den Schlachtruf der angreifenden Russen: „Hurrää, hurrää, hurrää". Das ging durch Mark und Bein. Dann wieder russisches MG-Feuer: tack-tack-tack-tack. Ich steckte meinen Kopf aus der Deckung. Unsere Landser waren dem Druck der Übermacht nicht mehr gewachsen, sie verließen ihre Stellung. „Komm schnell raus, Peter!" rief mir Oberfähnrich Höhn aufgeregt zu. Eilig schnappte ich mir Funkgerät und Knarre und lief, so schnell wie ich konnte, einen abschüssigen Hohlweg hinunter. Als ich mein Erdloch verließ, war ein russischer Soldat nur ganz wenige Meter von mir entfernt, Er zielte auf mich. Ich reagierte instinktiv mit Hakenschlagen, wie es die Hasen tun, und konnte mich so vom Gegner absetzen. Links und rechts von mir zischten Gewehrkugeln in den Sand. Eine Wegbiegung war meine erste Rettung. Ich war um mein Leben gelaufen.

Rechts neben mir, in etwa 200 m Entfernung, erkannte ich die vorrückende russische Infanterie. Offenbar hatte man mich noch nicht entdeckt, weil ich in einem Hohlweg Deckung gefunden hatte. Immer nur einen kühlen Kopf bewahren, das war mein einziger Gedanke. Hektik und Panik wären in dieser Situation falsch gewesen. Wieder blieb ich für einige Minuten in Deckung, um Kraft zu schöpfen und mein Funkgerät durfte ich unter keinen Umständen verlieren. Schließlich erreichte ich einen Waldsaum, wo mich Oberfähnrich Höhn erwartete. Mit seinem Fernglas hatte er mich beobachtet. Unsere Infanterie schoss mit MGs und Karabiner auf die angreifende russische Infanterie. Nicht nur wir, auch die Russen hatten Verluste. Wir vermuteten hier eine deutsche Auffanglinie, doch diese war bereits aufgegeben worden. Alles ging drunter und drüber.

Inzwischen schlug die Salve einer Stalinorgel bei uns ein. Und wieder bebte die Erde. Und wieder einmal hatten wir Glück gehabt. Dennoch: Man hatte uns im Visier.

Dies war ein schwarzer Tag für unsere Division. Die russische Armee griff uns von der Seite her an und wir wurden dadurch aufgerieben. Dies war für uns eine teuflische Situation. Die Geschützmannschaft vom 3. Zug musste ihre Feuerstellung aufgeben, und war von russischen Verbänden eingenommen worden. Es herrschte ein heilloses Durcheinander. Die Moral in unserer Truppe zeigte ernsthafte Risse. Ein führender General sollte sich, so wurde gemunkelt, im Führerhauptquartier verantworten und war bereits abgelöst worden. Was war aus unserer stolzen 30. Division geworden? Sollte Deutschland, unsere Heimat, nun endgültig verloren gehen? Sollte uns nichts mehr gehören – wir nirgends mehr hin gehören? Was ging bloß in den Köpfen unserer Führung vor?

General Schörner, der als harter Stratege galt, übernahm die Heeresgruppe Nord und sollte die schwierige Lage im Nordabschnitt bereinigen.

Auf der Suche nach der Einheit

Unser kleiner Trupp marschierte in westliche Richtung. Wir stießen auf ein alleinstehendes Holzhaus. An der Tür standen zwei weinende Frauen, es waren Mutter und Tochter. Beide sprachen deutsch. Schluchzend erklärten sie, dass der Mann und Vater vor einigen Tagen verstorben sei. Man bat uns, dabei zu helfen, den Leichnam in den Sarg zu legen. Wir boten unsere Hilfe an. Das Aufsetzen des Sargdeckels und die Bestattung im Garten sahen wir als selbstverständliche Christenpflicht an. Man merkte den Frauen an, dass sie danach erleichtert waren. Unter Tränen baten sie uns sehr eindringlich, nicht vor dem Bolschewismus zu weichen, denn sonst würden sie nach Sibirien verschleppt werden, mit der russischen Herrschaft hätten sie bereits bittere Erfahrungen gemacht. Darauf konnten wir keine Antwort geben, oder aber wir hätten lügen müssen, denn an eine Wende des Krieges glaubten wir nicht mehr. Als Dank drückten die Frauen jedem von uns ein silbernes Fünfrubelstück in die Hand. Wir wollten es gar nicht annehmen, doch das wurde nicht akzeptiert, weil diese Geste bei ihnen so üblich war. Die Esten und Letten erlebte ich als stolze und deutschfreundliche Menschen. Dieser Rubel sollte später seinen Besitzer wechseln, doch davon später.

Schließlich fanden wir unsere Einheit, wir waren ausgelaugt. Unsere „Eiserne Ration" hatten wir verzehrt und uns zusätzlich von Blaubeeren in den Wäldern ernährt. Diese wuchsen hier im Überfluss. Über 30 Stunden hatten wir keine Verpflegung mehr empfangen. Man hatte uns bereits auf die Verlustliste gesetzt. Die Bärte waren inzwischen gewachsen und der Dreck auf unseren Körpern war zur Kruste geworden. In der Nähe von Antsia fanden wir endlich unsere Einheit wieder.

Unsere 13. Kompanie vom Füsilierregiment 26 wurde aufgelöst. Wir hatten große Verluste zu beklagen. Einige tote Kameraden mussten wir zurücklassen, sie wurden jedoch später von deutschen Kriegsgefangenen auf russischem Boden bestattet. Der gesamte 4. Zug, dem ich angehörte, wurde mit seinen Soldaten, Waffen, Geräten und Pferden dem Schwesterregiment GR 46 (Grenadierregiment) zugeteilt. Außer, dass wir eine neue Feldpostnummer und einen neuen Kompaniechef bekamen, hatte sich an unserem Dasein nichts geändert.

Am nächsten Morgen setzte sich unsere Einheit wieder in Bewegung. Einige Tage marschierten wir wieder mit unserer Einheit. Es ging immer weiter in Richtung Westen. Von der Seite her griffen uns russische Schlachtflugzeuge vom Typ „Rata" an. Mit Bordkanonen wurden unsere Kolonnen beschossen. Da es bei uns weit und breit keine Flugabwehr gab, schossen wir mit unserem Karabiner und den MGs auf die Angreifer. Ein sehr zweifelhaftes Unternehmen, denn die Flugzeuge wurden von uns nicht getroffen.

10. Kapitel

Das letzte Aufgebot

Unser Ziel war ein kleiner Fluss, die Emba, die nördlich von Valga in den Embasee mündet. Auf der Westseite dieses Flusses bauten wir eine neue Stellung auf. Die VB-Stelle war gut getarnt und wir warteten auf die nachrückenden Russen.

Der kleine Fluss bildete ein natürliches Hindernis, welches ein schnelles Nachrücken der russischen Verbände verzögern sollte. Es blieb ein paar Tage ruhig, aber wir wussten, dass die russischen Einheiten uns auf den Fersen waren. Es blieb angespannt. Feststehende russische Zeppeline und Fesselballons waren wieder in der Ferne zu erkennen, um unsere Truppenbewegungen bis weit ins Land aus der Luft zu verfolgen. Aus dieser Position konnte das russische Artilleriefeuer genau gelenkt werden. Auf eine neue gegnerische Offensive mussten wir uns einstellen.

Links von uns war eine Luftwaffen-Feld-Division in Stellung gegangen. Nachts waren wieder deutliche Motorengeräusche von Panzern und Lastwagen zu hören. Wir lauschten gespannt. Ein erneuter Großangriff stand uns bevor. Dicht am Fluss beobachteten wir russische Spähtrupps, die unsere Stellung genau in Augenschein nahmen. Wir vermuteten, dass russische Pioniere nachts Unterwasserbrücken über die Emba gebaut hatten, denn diese Technik beherrschten sie meisterhaft. Diese Brücken waren gut getarnt und aus der Luft nicht einsehbar.

11. September 1944 um 7.15 Uhr. Der erwartete Angriff der russischen Armee bei der Luftwaffenfelddivision setzte ein. Durch das Scherenfernrohr konnte Oberfeldwebel Schürbom das Vorrücken der russischen Infanterie beobachten. Erneut waren wir einem stundenlangen Trommelfeuer ausgesetzt.

Aus allen Rohren schossen wir auf die angreifenden Russen, doch auch diese Stellung konnte nicht mehr gehalten werden. Eine ausreichende Unterstützung der eigenen Artillerie fehlte. Dem starken Druck der russischen Armee waren wir nicht mehr gewachsen. Um nicht in russische Gefangenschaft zu geraten, verließen wir unsere Stellung und setzten uns mit der Infanterie ab.

Die Taktik der russischen Führung war offenkundig, man wollte uns mit aller Macht an die Ostseeküste abdrängen und dagegen mussten wir uns wehren, so gut wir es konnten. Unsere Einheiten hatten das Ziel, so weit wie möglich nach Westen voran zu kommen. Bei diesem Angriff gab es bei uns wenig Verluste. Nach einem Tag waren wir wieder bei unserer Einheit. Bei diesem Einsatz wurde ich an der linken Hand und am Ellenbogen durch Granatsplitter leicht verletzt. Dies war meine zweite Verwundung und wieder einmal hatte ich Glück gehabt. Von einem Sanitäter wurde ich verbunden und anschließend ins Feldlazarett gebracht. Nach zehn Tagen wurde ich wieder entlassen.

25. September 1944. Unsere Einheit setzte sich in Richtung Riga bis nach Rauna in Lettland ab. Der Druck der russischen Offensive ließ etwas nach. Der Vorstoß der Armeen auf das Reichsgebiet hatte offenbar Vorrang. Die deutsche Nordarmee saß nun fest, war in einer Mausefalle. Unsere Nordarmee war, bis auf den Wasserweg, gänzlich vom Reichsgebiet abgeschnitten. Für uns gab es nun kein Entrinnen mehr, womit die Strategie der russischen Armeeführung aufgegangen war.

Bei Rauna, etwa 80 km von Riga entfernt, gingen wir erneut in Stellung. Auch die russische Seite hatte sich eingegraben. Es gab etwas Feindberührung. Mit der Munition für unsere Geschütze mussten wir nun sparsam umgehen, denn der Nachschub vom Reich war spürbar knapp geworden. Eines Abends kam der erwartete Angriff. Wieder wurden unsere Stellungen mit schweren Granatwerfern und der Ratsch-Bum, wie wir dies Geschütz nannten, eingedeckt. Dies war ein leichtes Geschütz, bei dem die Granaten eine rasante Flugbahn hatten wie eine Panzerabwehrkanone. Abschuss und Aufschlag folgten schnell aufeinander. Daher die Bezeichnung Ratsch-Bum. Doch auch mit der Stalinorgel (das Gegenstück zu den deutschen Nebelwerfern) wurde unsere Stellung „beharkt". Von den einschlagenden Granaten spritzte die Erde links und rechts von uns auf. Wir gingen knapp einen Kilometer zurück und gruben uns dort notdürftig ein, da wir nicht genau wussten, wie die Frontlinie verlief.

Am nächsten Morgen trat unser Regiment zum Gegenangriff an. Jedem von uns war eines klar geworden - aufgeben durften wir nicht! Immer wieder formierten wir uns zum Gegenangriff. Die Einschläge unserer schweren Geschütze lagen gut. Zusammen mit unseren Schützenkompanien nahmen wir eine Ratsch-Bum-Stellung ein und machten dabei zwanzig Gefangene. Mit unserem plötzlichen Angriff hatten wir den Gegner völlig überrumpelt. Nach diesem Gegenstoß konnten wir unsere alte Stellung wieder einnehmen und hatten dabei keine Verluste. Gott sei Dank.

Du oder Ich

Der Akku meines Funkgeräts hatte sich entladen und damit war die Verbindung zur eigenen Feuerstellung unterbrochen. Daher musste ich dringend in die eigene Feuerstellung zurück, um mein Funkgerät wieder einsatzbereit zu machen. In der einen Hand den Akku und meinen Karabiner geschultert, so machte ich mich auf den knapp einen Kilometer langen Weg. Unterwegs erblickte ich viele frisch ausgehobene, aber verlassene Schützenlöcher, die offenbar von der russischen Einheit bei ihrem nächtlichen Vorstoß ausgehoben worden waren. Ich trat aus einem Waldsaum heraus und erschrak. Ein Kriegsgebiet barg immer etwas Unheimliches, so dass man vor plötzlichen Überraschungen stets auf der Hut sein musste. Zunächst ging ich vorsichtig wieder in den Wald zurück. In einem nur wenige Meter von mir entfernten Schützenloch bewegte sich etwas. Ein junger russischer Soldat stieg aus seinem Schützenloch empor und reckte sich. Er war mit einem

Mantel bekleidet. Wenn die Russen angriffen, trugen sie immer ihren Mantel. Selbst beim Schlafen im Schützenloch behielten sie diesen an. Vielleicht war der arme Kerl eingeschlafen und bei unserem Gegenangriff, von seinen Kameraden unbemerkt, verlassen worden. Mir schlug das Herz bis zum Halse. Noch hatte mich der russische Soldat nicht entdeckt. Ich entsicherte mein Gewehr und hielt es im Anschlag und schritt entschlossen auf ihn zu und rief mehrmals laut auf russisch: „Stoj, stoj Pan!" Der junge Russe, er mag vielleicht erst 19 Jahre alt gewesen sein, war völlig erschrocken und als Zeichen dafür, dass er sich ergeben wollte, riss er seine Arme sofort hoch. Die nackte Angst stand ihm im Gesicht. Er war von mir überrumpelt worden. Aber auch ich war aufgeregt, denn auf eine derartige Situation war ich gar nicht vorbereitet. In einer derartigen Situation einen Menschen von Angesicht zu Angesicht zu töten, daran dachte ich nicht, hätte nur aus Notwehr geschossen. „Idi suda!" (Komm her!) rief ich im laut befehlend zu. Er kam auf mich zu, und heute noch höre ich sein weinerliches Wimmern: „Njet Pan, njet Pan!" , was soviel bedeutet wie: „Nein, Herr! Nein, Herr, tu mir bitte nichts!"

Während der gesamten Zeit als Soldat war mir die Situation erspart geblieben, feindliche Soldaten sehenden Auges töten zu müssen. Das geschah bei einer Dienstposition als Funker, wie ich sie hatte, äußerst selten. Aber auf so eine plötzliche Lage musste ich mich natürlich einstellen.

Mit verschränkten Händen im Nacken, wie ich ihm befohlen hatte, kam mein Gefangener mit zum Gefechtsstand und ließ sich unserem Kompaniechef übergeben. Ich machte mir Gedanken über diesen armen Schlucker, der fast in meinem Alter war und sicherlich auch Eltern und Geschwister hatte, wie auch ich. Wie wird sein weiteres Schicksal verlaufen? Und wie wird meines enden? Parallelen? Ein Krieg ist grausam! Ein Krieg ist schmutzig!

Die galoppierenden Absatzbewegungen, d.h. der schnelle Rückzug, gingen weiter.

Nach Kurland abgedrängt

Im Nordabschnitt mussten sich die deutschen Truppen der Heeresgruppe Nord vor dem Druck der russischen Offensive weiter zurückziehen. Riga, die Hauptstadt Lettlands, musste aufgegeben werden. Ungehindert stießen nun die russischen Panzerverbände auf Memel zu. Dadurch entstand der Kurlandbrückenkopf und wir waren nun endgültig vom Reich abgeschnitten. Die Landser waren abgekämpft, ausgelaugt, aber ein Aufgeben, nein, das konnte es trotzdem nicht geben! Wir waren zum Durchhalten verurteilt. Aber angesichts der schweren Kämpfe und der ständig heftiger werdenden gegnerischen Angriffe ließen die Kräfte unserer deutschen Truppen merklich nach. Unser Frontabschnitt war südöstlich von Libau, bei Prekuln. Ziel der russischen Streitmacht war die Einnahme der Hafenstadt Libau. Unsere Einheit ging am 20. Oktober 1944 bei Prekuln, südöstlich von Libau, in Stellung. Schneeflocken kündigten den nahenden Winter an. Die Kurlandarmee konnte nur noch über den Hafen von Libau versorgt werden. Das Ziel der russischen Streitmacht bestand nun darin, die Stadt Libau einzunehmen, doch damit wären wir gänzlich vom Reich abgenabelt worden. Die russischen Angriffe mussten immer wieder von uns abgewehrt werden. Laut Führerbefehl musste Kurland als Festung gehalten werden.

Ende Oktober 1944 tobte die 2. Kurlandschlacht. Es war nasskalt. Schneeflocken fielen vom Himmel. Unsere B-Stelle war wieder von Oberfähnrich Höhn und mir besetzt. Auf eine neue russische Offensive mussten wir uns moralisch einstellen. Wir kauerten in unserem notdürftig abgedeckten Schützenloch. Und wieder waren russische Funksprüche abgefangen worden. Unsere Stellungen wurden, wie schon so oft, erneut mit stundenlangem Trommelfeuer durchwühlt. Unsere Geschütze feuerten zurück, was die Rohre hergaben. Es war eine wahnsinnige Knallerei, wieder wusste man nicht, wo vorne oder hinten war. Der Druck auf die eigene Infanterie wurde so heftig, dass wir erneut unsere Stellung etwas zurücknehmen mussten.

Oberfähnrich Höhn verließ zuerst unsere B-Stelle. Seidem habe ich ihn nicht mehr gesehen.Hektisch baute ich mein Funkgerät wieder zusammen. Zur Feuerstellung hatte ich noch Kontakt und gab beim Verlassen unserer B-Stelle den Befehl: „Feuer auf den eigenen Standort!" Einen derartigen Befehl gab man nur im äußerstem Notfall, da die eigene Feuerstellung zerstört und damit für den Feind unbrauchbar gemacht wurde. Danach musste man sich schnellstens von seinem Standort entfernen, was ich machte. Aber wo war mein Kamerad Oberfähnrich Höhn nur geblieben? Wieder wurde der Boden von den Einschlägen umgepflügt. Granaten aller Kaliber schlugen links und rechts von mir ein. Die eigene Feuerstellung konnte nicht mehr weit entfernt sein. Funkkontakt mit der Einheit hatte ich noch. Das Kehlkopfmikrofon trug ich stets um den Hals. Plötzlich schlug eine Granate dicht bei mir ein, ich sank zu Boden. Diesmal hatte es mich ordentlich erwischt. Blut strömte mir aus Mund, Nase und vom linken Ohr. Den Kiefer konnte ich kaum bewegen. Am rechten Oberschenkel klaffte eine große Wunde, die Hose war zerfetzt und viel Blut strömte heraus. Aber ich lebte noch! Und ich möchte doch nicht sterben, lieber Gott, steh mir bei! Bitte! So gut es ging, robbte ich in einen nahen Granattrichter, denn hier konnte ich mich vor weiteren Einschlägen sicher fühlen - eine alte Landsererfahrung. Was würde sein, wenn mich hier ein russischer Soldat entdeckte? Würde er mir eine Kugel durch den Kopf jagen? „Mein Gott, mein Gott, warum hast Du mich verlassen!" Vor Schmerzen krallte ich mich fest an Mutter Erde.

In meiner verzweifelten Lage versuchte ich, das Funkgerät zu bedienen. Es klappte notdürftig. Das war meine letzte Rettung. „Peter, wir holen Dich raus!": konnte ich aus dem Kopfhörer vernehmen. Minuten vergingen wie Stunden.

In einem Auszug aus dem Wehrmachtsbericht vom 3. November 1944 wurde diese Schlacht wie folgt beschrieben:

„...Im Raum südostwärts von Libau wurde der erstrebte Durchbruch von unseren Truppen in vorbildlicher Standfestigkeit unter Abschuss von 62 Panzern vereitelt...

Insgesamt verlor der Gegner im Monat Oktober im kurländischen Raum, 1177 Panzer und damit die Ausstattung von sechs Pz-Korps eingebüßt. Bei den Abwehrkämpfen hat sich die 30. Division unter Führung von Oberst Barth durch Standfestigkeit hervorragend bewährt... "

Und ich lag hier und wartete... Nach einer Weile kam Motorengeräusch näher. Eine deutsche Panzereinheit mit Infanterie und Schützenpanzerwagen (SPW) war zwischenzeitlich zum Gegenangriff angetreten. Schließlich fand man mich und legte mir Verbände an. Danach lud man mich in einen SPW und fuhr mich in unsere Feuerstellung. Nun ging alles sehr schnell. Mit einem Sanka wurde ich dann liegend nach Libau transportiert. Auf der Krankentrage unter mir lag ein Kamerad, der einen Bauchschuss erlitten hatte. Er wimmerte und schrie fortwährend vor Schmerzen: „Erschießt mich doch, erschießt mich doch!" Mit seiner letzter Lebenskraft stemmte er sich gegen meinen Rücken. Langsam verließen ihn die Kräfte, er starb. Wieder endete ein Soldatenleben, ein zweifelhafter Heldentod.

Bei anbrechender Dunkelheit verlud man alle Verwundeten auf ein Frachtschiff. Ärzte und Sanitäter betreuten uns. Wir verließen Libau und kamen bei Morgengrauen in Gotenhafen an. Von Sanitätern wurden wir anschließend auf die „Steuben", umgeladen. Die „Steuben" war ein Passagierschiff der gehobenen Luxusklasse, welches einmal auf der Route Hamburg-Südamerika fuhr. Ich kam im „Rauchersalon" des Schiffes unter. So viel Prunk hatten meine Augen noch nie gesehen. Wir wurden darin eingewiesen, wie man eine Schwimmweste anzulegen hat. Für mich klang alles so kurios, unwirklich, denn, sollte unser Schiff von einem Torpedo getroffen werden, wären wir ohnehin mit Mann und Maus untergegangen. Unser Ziel lebend zu erreichen, das war unsere nächste Hoffnung. Am Rande sei angemerkt, dass die „Steuben" später das gleiche Schicksal wie die „Wilhelm Gustloff" erlitt. Sie wurde auch im Februar 1945 von russischen Torpedos getroffen und versank mit über zweitausend Menschen. Auch dies war ein Frevel an der Menschheit und traf viele unschuldige Menschen! Bei einbrechender Dunkelheit fuhr das Schiff ab. Am frühen Morgen legten wir in Swinemünde an, wo ein Lazarettzug bereit stand, in den wir dann umgeladen wurden. Wohin unsere Reise nun gehen würde? Alles war ungewiss. Ich erhoffte mir eine Verlegung nach Norddeutschland, doch leider ging dieser Wunsch nicht in Erfüllung. Nach langer Eisenbahnfahrt hielt der Zug schließlich auf dem Bahnhof in Plauen im Vogtland.

Zunächst wurde ich in die Seume-Schule eingeliefert, die, wie viele Schulen damals, als Lazarett diente. Nachdem man mich sorgfältig gewaschen hatte, wurde ich in ein großes Klassenzimmer transportiert, in dem zwanzig Patienten lagen. Mein linkes Kiefergelenk war durch einen Granatsplitter beschädigt worden. Die Aufnahme von fester Nahrung war zunächst nicht möglich. Erst durch wochenlanges Üben mit einem Spreizgerät wurde die Beweglichkeit des Kiefers weitgehend wieder hergestellt. Der Granatsplitter sitzt heute noch in der rechten Kieferhöhlengegend. Trotz aller Geschehnisse hatte ich wieder einmal einen Schutzengel bei mir gehabt. Mit den vielen Granatsplittern im rechten Oberschenkel schleppe ich mich bis heute rum. Ich danke Gott, dass ich noch lebe. Humpelnd konnte ich das Krankenbett zum Weihnachtsfest 1944 verlassen. Es gab Gänsebraten mit „Grünen Klößen", ein traditioneller Weihnachtsschmaus des Vogtlands. Ein Chor der Schwesternschaft erfreute uns mit Weihnachtsliedern.

Anfang Januar 1945 wurde ich in die Mutschmann-Schule verlegt. In der zweiten Februarhälfte galt ein nächtlicher Bombenangriff den dortigen Vomag-Werken. Weite Teile der Stadt gingen in Flammen auf. Auch unser Lazarett brannte lichterloh. Notdürftig kamen wir wieder in der Seume-Schule unter. Am 13. und 14. Februar wurde die Stadt Dresden von alliierten Bomberverbänden pausenlos angegriffen. Diese hatten leichtes Spiel, denn die deutsche Flak war abgezogen worden. Dresden ging in einem riesigen Flammenmeer unter. Auf 235.000 Flüchtlinge und Einheimische wurde mit

Bordwaffen geschossen, oder sie waren in den Flammen umgekommen.

Während des Angriffs auf Dresden erkrankte ich an Scharlach und kam daher in eine Isolierstation. Anfang April wurde ich dann, mit einem Teil der Patienten, nach Pöhl verlegt. (Dies ist ein kleiner Ort ca. 15 km östlich von Plauen, der aber in der DDR-Zeit durch den Bau eines Stausees untergegangen ist.) Das dortige Schloss diente uns als Lazarett.

Einige Tage später war Plauen das Ziel eines Angriffs, der den Vomag-Werken galt. Das Vomag-Werk war ein Rüstungsbetrieb, in dem Panzer oder Teile davon hergestellt wurden. Auch die Mutschmann-Schule wurde Opfer dieser Bombardierung, sie brannte lichterloh.

Dicht gedrängt saßen wir im Luftschutzkeller. Aus dem Radio klang der Aufruf des „Wehrwolf", einer deutschen Untergrundorganisation. Diese rief die Zivilbevölkerung dazu auf, den Gegner aus dem Hinterhalt zu sabotieren. Diesbezügliche „Erfolge" von mutigen Hitlerjungen wurden stolz verkündet. Wir fragten uns alle: Wie weit sind wir Deutschen gekommen, unsere Kinder, zu solchem Tun aufzufordern? Welch ein Schwachsinn!

Anfang April 1945, die alliierten Truppenverbände rückten unaufhaltsam vor. Überall herrschte betrübte Stimmung. Was würde sein, wenn... kreiste es in unseren Köpfen. Der „Soldatenklau" ging um. Alle Lazarette wurden durchforstet, das letzte „verfügbare Soldatenmaterial" sollte an die Front geworfen werden. Kein Dienstgrad und keine Waffengattung blieb verschont. Bis zum Schluss sollte offensichtlich alles verheizt werden. Nur noch Wahnsinnige konnten derartiges verantworten.

Vom 28. Oktober 1944 bis zum 15. April 1945 dauerte mein Lazarettaufenthalt in Plauen.

Am 14. April, meinem 22. Geburtstag, bekam ich, wie viele andere Soldaten auch, den Befehl, mich in der Kaserne von

Plauen zu melden. Eine Rückkehr in die Heimat, verbunden mit einem Genesungsurlaub, war für mich nun nicht mehr möglich, weil die englischen Truppen bereits nach Norddeutschland vorgedrungen waren.

Den Entschluss zu fällen, sich auf eigene Faust in die Heimat durchzuschlagen, dazu fehlte mir jedoch der nötige Mut, obwohl ich darüber nachgedacht hatte.

Das letzte Aufgebot

Soldaten aus allen Waffengattungen der Deutschen Wehrmacht marschierten lustlos in Richtung Plauen. Unterwegs überprüften „Kettenhunde" (Feldgendarmerie) unsere Soldbücher und den Marschbefehl. Von Ferne vernahmen wir Geschützdonner. Freund oder Feind? Der Krieg war unüberhörbar und wieder in greifbare Nähe gerückt. Alliierte Flugzeuge flogen in großer Höhe, unsere Flak schoss, aber es war vergebene Mühe. Die Amerikaner rückten näher, ein Entfliehen erschien uns aussichtslos. In unseren Köpfen machte sich dieser Gedanke schon breit, aber keiner getraute sich, offen darüber zu sprechen. Wir wussten alle, der Krieg war verloren und konnte nicht mehr lange dauern. Wir hofften auf das Ende des Krieges, waren aber auch voller Angst. Welchen Weg würde unser Schicksal denn nun nehmen? So kurios es klingen mochte, aus dem Radio wurden immer wieder Durchhalteparolen verbreitet. Der Wahnsinn eines verlorenen Krieges war allgegenwärtig. In der Kaserne angekommen, richteten wir unser Nachtlager im Luftschutzkeller ein. Die Offiziere waren gesondert untergebracht. Am nächsten Morgen, dem 16. April 1945, hieß es: „Alles antreten!" Auf dem Kasernenhof fanden sich Soldaten ein. Kompaniechef war ein Hauptmann von der Panzertruppe. Mit viel Umsicht versuchte er ein Verteidigungssystem aufzubauen. Er trug das kurze schwarze Jackett seiner Waffengattung mit den Totenköpfen am Kragenspiegel und war mit dem Deutschen Kreuz in Gold ausgezeichnet. Ein schneidiger Offizier, der Vertrauen ausstrahlte. Er hielt eine knappe Rede, die ihm sichtlich schwer fiel. Mit dieser „Auslese" aus Lazaretten und Büros wurde nun eine neue Kampfeinheit aus dem Boden gestampft. Zunächst wurden Züge mit 8 - 10 Mann gebildet. Der Kompaniechef bestimmte einige Soldaten, die den Kompanietrupp bildeten. Nach welchen Kriterien der Hauptmann gerade mich als Obergefreiten für die Aufgabe eines Kompanietruppführers ausgesucht hatte, blieb mir ein Rätsel. Dieser Auftrag war mir gar nicht recht, aber Befehl war eben Befehl. Die Nähe zu meinem Chef beruhigte mich ein wenig, doch große Taten konnte man von uns ohnehin nicht mehr erwarten und außerdem war diese Szenerie eher ein riskantes Himmelfahrtskommando. Wir alle waren verschlissen und wollten uns nicht mehr wie billiges Kanonenfutter verheizen lassen.

Im nördlichen Bereich der Stadt Plauen sollten wir die angreifenden Amerikaner aufhalten. Nagelneue Schnellfeuergewehre und MGs mit der entsprechenden Munition wurden verteilt. Woher all diese Waffen so schnell hergezaubert worden waren, verwunderte mich sehr. Außerdem bekam jeder Soldat sein obligatorisches Frontkämpferpäckchen, das man von früheren Einsätzen vom Fronteinsatz her kannte, denn in diesem befand sich unter anderem auch eine Dose Schokakola, die eine besondere Rarität für uns war. Dieses war unsere letzte Ration, welche wir von der Deutschen Wehrmacht erhielten, die man auch als „Henkersmahlzeit" bezeichnen mochte!

Auf dem Kasernenhof wurden klapprige Lastautos mit Firmenaufschrift vorgefahren, die in der Stadt requiriert worden waren. MGs, Panzerfäuste und die dazugehörige Munition wurden verstaut. Schließlich hieß es dann: „Aufsitzen!" Die Fahrzeugkolonne, ein Sammelsurium, mit ironischer Aussichtslosigkeit befrachtet, verließ das Kasernentor und fuhr zunächst in Richtung Hof. Unser Kompanietrupp mit dem Chef befand sich auf dem zweiten Fahrzeug. Über dem Führerhaus wurde ein MG schussbereit gehalten. Tieffliegende amerikanische Nahaufklärer flogen über uns. Nach einigen Kilometern erschreckte uns ein grausiger Anblick. Ein deutscher Soldat baumelte an einem Baum, man hatte ihn erhängt. Für fliehende Soldaten sollte diese Art der Exekution abschreckend wirken, denn er trug ein Pappschild vor der Brust, auf dem stand: „Ich habe mein Vaterland verraten". Wir blieben stumm und bei diesem Anblick überkam jeden von uns ein Schaudern. Die Ohnmächtigkeit unseres Systems war wieder einmal offensichtlich. Zu dieser Zeit versuchten viele deutsche Soldaten zu desertieren; vor allem die, die sich von ihren Einheiten in der Tschechei abgesetzt hatten. Wurde man jedoch ergriffen, dann endete das Leben, wie hier, meistens an einem Straßenbaum.

Wir wechselten die Fahrtrichtung, es ging nach Norden. Bei Syrau erreichten wir die Straße von Plauen nach Schleiz. Das Fahrzeug, das voraus fuhr, wurde von amerikanischen Panzern beschossen. Es bekam einen Volltreffer. „Abspringen!": befahl unser Kompaniechef. Unser zweites Fahrzeug blieb auf der Straße stehen. Wir suchten Deckung hinter Häusern und Hecken. „Männer, für uns ist der Krieg vorbei!" rief uns der Hauptmann zu. Ich versuchte, in der Nähe unseres Kompaniechefs zu bleiben. Was würden uns die nächsten Minuten bringen?

11. Kapitel

Am Ende kommt die Kriegsgefangenschaft

Aus unserem Versteck konnten wir das Vordringen der amerikanischen Infanterie, die von Panzern unterstützt wurde, beobachten.

Fremdarbeiter aller Nationen liefen den Amerikanern entgegen, zeigten mit ausgestrecktem Arm in unsere Richtung und verrieten somit unser Versteck. Mit vorgehaltener Maschinenpistole, Kaugummi kauend kamen uns drei Amis entgegen. „Hands up!" riefen sie uns zu. Wir taten, was uns befohlen wurde. Unsere Waffen hatten wir bereits weggeworfen. Mit dem Gesicht zur Wand wurden wir nach Pistolen und Uhren untersucht. Auf diese Dinge hatte man es besonders abgesehen. Ich hatte amerikanische Soldaten gesehen, die bereits drei, vier Armbanduhren um ihr Handgelenk trugen. Uns rissen sie die Auszeichnungen von der Uniform und teilten sie dann als Souvenirs unter sich auf. Unserem Hauptmann erteilte man eine Ohrfeige. Es war durchaus möglich, dass man einen SS-Offizier vor sich zu haben glaubte, was in diesem Fall jedoch nicht stimmte. In fließendem Englisch beschwerte er sich über das rüpelhafte Benehmen der amerikanischen Soldaten. Fluchend versetzte man uns Soldaten einen heftigen Tritt ins Gesäß. Noch lange verspürte ich diesen amerikanischen Stiefeltritt, der Abdruck schien sich in meine Kehrseite eingebrannt zu haben. Auf irgend eine Situation hatten wir uns eingestellt, doch von diesem Verhalten der amerikanischen Soldaten waren wir alle überrascht und entsetzt. Ein derartiges Verhalten von der deutschen Wehrmacht war mir nicht bekannt.

Nun konnte man mit uns machen, was man wollte, wir waren Freiwild geworden. Die Wut der Sieger war allgegenwärtig und wir waren nun dem Wohl und Wehe der Besatzer ausgeliefert.

74

Stacheldraht und Gewehrmündungen

Ich musste mich wie alle auf den Kotflügel eines Jeeps setzen, mit dem man uns zunächst in eine umzäunte Tennisanlage nach Plauen fuhr, in die wir eingesperrt werden sollten. Nach einer holprigen Fahrt erreichten wir unser Ziel. Als wir ankamen, waren bereits einige hundert deutsche Kriegsgefangenen dort und es wurden laufend mehr. Gegen Abend mussten wir antreten. Eine Gruppe amerikanischer Offiziere, begleitet von abgemagerten Menschen in Sträflingskleidung, nahmen uns genau in Augenschein. Ein amerikanischer Dolmetscher erklärte uns, worum es ging. Befreite Häftlinge aus dem KZ Buchenwald, das im nahen Thüringen liegt, waren auf der Suche nach bestimmten Personen. Jeder wurde genau von vorne und von der Seite betrachtet. Offenbar hatten sich ihre ehemaligen Peiniger abgesetzt und man suchte nun nach ihnen. Von der Existenz eines Konzentrationslagers hatte ich bisher noch nichts erfahren. Ich war erschüttert über den Anblick dieser Menschen, die nur noch aus Haut und Knochen bestanden. Die Tatsache, dass Menschen so etwas anderen Menschen angetan hatten, war für mich unvorstellbar, entsetzlich.

Am späten Nachmittag fuhr man uns mit LKWs auf den Kasernenhof in Plauen und dann auf eine große Wiese, dicht bei Schleiz, die notdürftig eingezäunt worden war. Rundherum standen Wachtürme mit Scheinwerfern. Die Mündungen der Maschinengewehre waren auf uns gerichtet. Dazwischen patrouillierten amerikanische Wachposten.

Aus der gesamten Region schaffte man den Rest der geschlagenen deutschen Armee hierher. Wir hatten kein Dach über dem Kopf, nur den Himmel. Von einem Bett, in dem wir uns hätten ausruhen können, blieb nur noch ein Traum. Wer einen Mantel oder eine Wolldecke besaß, war reich, aber konnte dieses mit einem anderen Kameraden teilen, wenn er es dann wollte... Wie eine Viehherde waren wir hier eingepfercht. Im wahrsten Sinn des Wortes lagen wir hier im Dreck.

In einer Ecke hatte man eine Grube ausgehoben und darüber einen Balken in Sitzhöhe befestigt, auf dem mindestens zehn Mann Platz hatten. Eine solche improvisierte Latrine diente der Verrichtung der Notdurft und glich eher einem Donnerbalken. Der Gestank von Chlorkalk und Kot machte sich breit.

Zwei Wochen waren wir hier eingesperrt.

Die Versorgung der vielen hunderttausend gefangenen deutschen Soldaten war noch nicht organisiert. Wie Rindvieh trieb man uns auf die eine oder andere Seite der Wiese, wobei eifrig von den mitgeführten Baseballschlägern Gebrauch gemacht wurde. Quer über die Wiese lud man Kisten und blanke Blechkanister ab, die mit kleinen Konservendosen Cornedbeef, Erdnussbutter und Trockenkeksen gefüllt waren. Zur Entgegennahme einer kargen Ration wurden Schlangen gebildet. Wehe dem, der sich dieser Ordnung widersetzte. Als Strafe musste sich derjenige wieder hinten anstellen oder bekam gar nichts. Die amerikanischen Soldaten griffen knallhart durch. Diese Verpflegung, die im ersten Anblick überzeugte, reichte bei näherem Hinsehen weder zum Leben noch zum Sterben. Wohl dem, der noch einige Pfunde auf den Rippen hatte - ich hatte sie nicht mehr.

...kannst Du dort droben vergessen auch mich?

Noch chaotischer wurden die Zustände in diesem Lager, als sich gegen Ende April Regenschauer über uns ergossen. Der Boden weichte auf, nirgendwo konnte man sich hinsetzen oder gar hinlegen. In einer Nacht war es besonders schlimm. Alles stand dicht an dicht. Einzelne Wolldecken hielt man mit den Händen über den Köpfen fest, um sich notdürftig gegen den Regen zu schützen. Wer noch einen Zipfel dieser Wolldecke als kleinen Unterschlupf erwischen konnte, war froh, aber meistens gelang es nicht.

Es wurde Nacht. Suchende Scheinwerfer strahlten von den

Wachtürmen auf uns. Aus irgendeiner Ecke erklang eine Stimme, erst zaghaft und dann kräftiger, jemand stimmte das Wolgalied an. Die traurige Stimmung ergriff uns alle, wir stimmten mit ein. Aus abertausend Kehlen erklang immer wieder der Refrain: ...*kannst Du dort droben vergessen auch mich*...? Alles sang, stand und schwankte vor Erschöpfung. Eine traurige Masse Mensch in verschlissenem Feldgrau; die Stiefel saßen fest im Schlamm. Es waren lange Tage und lange Nächte, die ich niemals vergessen werde.

Jeder dachte nur: „Wie kommen wir hier wieder raus und womit haben wir dies alles verdient?" Wir waren von einem Wahnsinnigen verführt und verraten worden. Aggressivität griff um sich. Die Nerven lagen blank. Manche ältere Kameraden drehten durch, machten sich auf den Weg zum Zaun und wollten ausbrechen. Maschinengewehrläufe wurden auf uns gerichtet und zur Warnung auch mal in die Luft geschossen. Getötet wurde jedoch niemand. Das Wort *Kameradschaft* war abgenutzt, war abhanden gekommen, verstummt. Wer von uns konnte die Begriffe wie Vaterland, Treue, Ehre und Kameradschaft noch würdigen? Bis Anfang Mai blieben wir in diesem Lager, das von den Stiefeln der vielen Landser zu Matsch und Bodenlosigkeit zertrampelt worden war.

Eines Tages wurden wir auf LKWs verladen und in den berüchtigten Rhein-Main-Wiesen abgeladen. Die Provinz Sachsen sollte laut der Verträge der Alliierten von Jalta und Potsdam in die Obhut der Sowjetunion übergeben werden. Auf dem Weg dorthin standen ausgebrannte deutsche Panzer, Kanonen, Lastautos am Straßenrand. Zerstörte Autobahnbrücken, die noch in der Kriegszeit erbaut sein mochten, mussten weiträumig umfahren werden. Die Spuren der deutschen Niederlage waren unübersehbar markiert. Im neuen Lager waren die Zustände noch unmenschlicher als die, die wir bisher erlebt hatten. Zehntausende ausgemergelte menschliche Gestalten waren schon dort, und es kamen immer mehr hinzu. Wenn man bloß erst aus dieser Hölle raus wäre, das dachten wir alle. Die körperlichen Kräfte ließen weiter nach. Mir wurde schwarz vor Augen. Gott sei dank war sofort ein Kamerad zur

Stelle, welcher mich im selben Augenblick stützte.

Oh, du wunderschöner deutscher Rhein...

„Wenn ich nur eine Zigarette hätte!" dachte ich in meiner Not. Ein amerikanischer Posten auf dem Wachturm warf eine halbaufgerauchte Zigarette zwischen die lungernden Kriegsgefangenen. Wie die Aasgeier fielen sie über die noch glimmende Zigarettenkippe her. Der pausbackige, grinsende amerikanische Posten hatte seinen Spaß daran. „Ach, wie tief sind wir nun gesunken", meinte ein älterer Kamerad. Bei einer passenden Gelegenheit bot ich einem amerikanischen Posten mein Fünfrubelstück aus Estland zum Tausch für eine Packung „Camel" an. Schnell wurden wir uns handelseinig; denn inzwischen wussten wir, dass die Amerikaner gerne Souvenirs sammelten. Ob dieser Handel nun gerecht war? Ich dachte an die Mutter mit ihrer Tochter in der Einsamkeit Estlands. Sie gaben mir dieses Geldstück für einen kleinen Dienst mitten in ihrer Traurigkeit. Und was tat ich? Ich tauschte es gegen Zigaretten, um meine Sucht nach Nikotin zu befriedigen. Gewissensbisse kamen bei mir auf.

Anders als bei uns war bei den Amerikanern die Plage mit den Läusen unbekannt. Auch die Kriegsgefangenen sollten davon befreit werden. Einige deutsche Kriegsgefangene wurden mit Stäubegeräten ausgerüstet und pusteten jedem von uns eine Ladung DDT-Pulver unter die Kleidung. Der Erfolg war verblüffend, für die Plagegeister war das Mittel todsicher. Dieses DDT ist heute als Gift verboten und darf nicht mehr eingesetzt werden. Kein Wunder, dass die Biester diese Behandlung nicht überlebten.

Eines Tages wurden Arbeitswillige für Außenkommandos gesucht. So bald sich eine Gelegenheit bot, bemühte ich mich um eine derartige Beschäftigung, was jedoch nicht immer klappte, denn der Andrang am Lagertor war groß. In einem Steinbruchkommando habe ich nur einen Tag gearbeitet, weil mir diese Arbeit nicht gefiel und außerdem merkte ich, dass mein Körper schwach geworden war. Auch fiel bei dieser Tätigkeit kein Essen ab. Beim Aufstehen schwankte ich.

Ein amerikanischer Posten suchte eines Tages zwei Straßenfeger. Wir meldeten uns mit zwei Mann. Mit einem Jeep fuhren wir nach Wiesbaden, wo sich das amerikanische Hauptquartier für den ganzen rheinischen Bereich befand. In einem Villenviertel der Stadt hatten sich die amerikanischen Offiziere mit ihren Frauen eingerichtet. Zwar sollten wir hier Straßen fegen, doch dies war nicht unsere Hauptarbeit. Mein Kamerad Hermann Voigt aus Lüneburg war Tischlermeister. Seine Fingerfertigkeit hatte man bald erkannt. Wir halfen Frauen beim Aufhängen von Gardinen, beim Möbelrücken, bei der Gartenpflege und beim Entleeren der Mülleimer, denn die Stadtreinigung war noch nicht in Aktion. In den Kübeln entdeckten wir manches Essbare, denn den Amis ging das Wegwerfen von Lebensmitteln leicht von der Hand. Bei allen Bemühungen, eine Tätigkeit außerhalb des Lagers zu ergattern, ging es uns vorrangig nur um das Essen, denn der Magen „hing schief" - er knurrte ständig. Es ist daher verständlich, dass man sich bei jeder Gelegenheit nur über das Essen und landschaftlich geprägte Gerichte unterhielt. Ja, wenn man erst einmal zu Hause sei, ja, dann wolle man dieses oder jenes auch ausprobieren. Rezeptvorschläge aus allen Regionen Deutschlands hatten damals Hochkonjunktur, auch bei allen Kriegsgefangenen.

Auf einem Sportplatz in Wiesbaden wollten die Amerikaner sich einen Baseballplatz einrichten. Mein Kumpel sollte eine besondere Platte aus Holz für das „Mal" fertigen, was für den Handwerksmeister natürlich eine Kleinigkeit war. Baseball ist eine Sportart, die bei den Amerikanern beliebt ist. Man wartete schon ungeduldig darauf, bis das wichtige Produkt endlich fertig war. Bei diesem Spiel (eine Art Schlagball, das mich an die Spiele erinnerte, welche wir auf dem Schulhof oftmals gespielt haben) durften wir zuschauen und eine Zigarette bot man uns auch schon mal an.

Wieder ging ein abwechslungsvoller Arbeitstag zu Ende. Der Magen war mit den Resten aus der Mülltonne gefüllt, was ihm offenbar gut bekam.

8. Mai 1945. Langanhaltendes Geheule aller Sirenen verkündeten das Ende des schrecklichen Krieges. Von den langen Güterzügen her, mit denen die ehemaligen französischen Kriegsgefangenen nun heimwärts fuhren, ertönten hämische Freudenrufe. Ihre Zeit der Gefangenschaft war nun vorbei, für uns hatte sie grad erst begonnen. Bang fragten wir uns, wann wir aus der Kriegsgefangenschaft entlassen würden, und welches Schicksal uns noch bevorstand. Diese Angst überschattete unsere Erleichterung darüber, dass das sinnlose Gemetzel an den Fronten endlich ein Ende gefunden hatte. Als ich ihnen nachblickte, musste ich unvermittelt an Alexander denken. War er in einem dieser Güterzüge gewesen? Ob er uns auch so sehr hasste wie die anderen?

Ein Teil unseres Lagers, darunter war auch ich, wurde auf das gegenüber liegende Rheinufer, bei Heidesheim verlegt. Auch hier lagen wir unter freiem Himmel. Der dortige sandige Boden in einer Obstanlage hatte den Vorteil für uns, dass man sich mit den eigenen Händen, oder mit Hilfe einer Blechbüchse, eine schützende Grube buddeln konnte. Das Wetter war uns hold geworden, am Tage wärmte uns die Sonne und nachts wärmten wir uns gegenseitig, indem wir, wie die Heringe in einer Konservendose, aneinander lagen. Auf ein Kommando drehten wir uns dann auf die andere Seite. Wir träumten und erzählten von unserer Heimat.

Eines Tages suchte ein amerikanischer Sergeant einen Beifahrer. Ich meldete mich aus der dritten Reihe, er winkte mir zu. Wir bestiegen einen großen Lastwagen, einen Studebaker. Ich saß auf dem Beifahrersitz. Mir wurde eine Zigarette angeboten und wir fuhren in Richtung Frankfurt zum Flughafen. Eine Unterhaltung bahnte sich schnell an, denn er war deutscher Abstammung und sprach etwas deutsch. Im Staate Ohio war er Farmer und meinte, ich sollte zu ihm dorthin kommen. Lust hätte ich freilich schon, doch aus diesem Angebot konnte ich leider keinen Nutzen ziehen, weil ich eben Kriegsgefangener war und außerdem ein Zuhause auf mich wartete.

Wir kamen auf dem Frankfurter Flugplatz an, der als Basis für die US-Airforce hergerichtet worden war. Hier sollten wir eine Ladung Benzin in Kanistern abholen. Von seinem Fahrersitz aus rief mein Sergeant einem schwarzen US-Soldaten im Offiziersrang am Tor zu: „Hallo, black man!" Der Offizier kam herbei und grüßte salopp. Mein Sergeant, der ständig auf seinem Kaugummi herumkaute, trug sein Anliegen ebenso salopp vor und übergab ihm ein Schriftstück. Ich war sehr verwundert, dass man einen Offizier so einfach aus dem Führerhaus des Wagens herbei ruft, ohne militärische Haltung anzunehmen. Ich überlegte, ob die Welten wirklich so verschieden waren, und ob Schwarze jenseits des Atlantiks dort doch als Menschen zweiten Ranges galten.

Auf dem Flugplatz wurde der Lastwagen mit Benzinkanistern voll beladen. Ich brauchte nicht einmal Hand anzulegen, denn dieses besorgten die schwarzen US-Soldaten. Der amerikanische Sergeant aus Ohio gab mir zum Abschied noch eine angebrochene Packung „Camel". Ich hatte eine interessante Fahrt und eine noble „Tätigkeit" gehabt, die ich verständlicherweise auch gerne fortgesetzt hätte. Ich fragte mich jedoch, warum ich diesmal nur den Begleiter spielen durfte. Nahm er etwa Rücksicht auf mein klappriges Dasein? Für mich lag keine Logik darin, aber immerhin, es war ein abwechslungsreicher Tag für mich gewesen.

12. Kapitel

Und plötzlich wurde ich Bäcker

Ende Juni 1945. Bis dahin hatten wir immer noch kein Dach über dem Kopf, von einem Bett ganz zu schweigen. Über zehn Wochen waren wir bereits allen Witterungsbedingungen ausgesetzt gewesen. Aggressivität untereinander griff um sich. Grundlos brüllten sich ehemalige Kameraden an, für Handgreiflichkeiten waren die meisten jedoch zu schwach.

Eines Tages war man auf der Suche nach gelernten Bäckern. Natürlich meldete ich mich, denn wie Brot gebacken wurde, das hatte ich bereits bei meiner Mutter gesehen. Ich wurde also als Bäcker eingestellt, egal was kommen mochte. Mit unserem armseligen „Gepäck" unterm Arm fuhren wir mit einem Lastwagen durch die fast total zerstörte Stadt Mainz. Zwischen den Ruinen, weithin sichtbar, erkannte man einen Obelisken, der wie ein Bleistift aus der einsamen Steinwüste emporragte. Auf diesem saß der bekannte rote Frosch der Schuhcremefabrik Erdal, der allen Bombardierungen der Stadt getrotzt hatte. Schließlich endete unsere Fahrt in Darmstadt. In einer noch intakten Heeresbäckerei der ehemaligen deutschen Wehrmacht stiegen wir ab. Für die vielen Kriegsgefangenenlager im gesamten Rhein-Main-Gebiet sollte Brot gebacken werden. Infolge der Verträge von Jalta wurden Mecklenburg, Thüringen und Sachsen dem Einflussbereich Russlands unterstellt. Daher hatten die Amerikaner alle deutschen Kriegsgefangenen aus Sachsen und Thüringen in das Rhein-Main-Gebiet gebracht. Viele, viele Hunderttausend sollen es gewesen sein. Froh waren wir, dass wir nicht den Russen in die Hände gefallen waren, denn es hatte sich bereits herumgesprochen, dass die meisten deutschen Soldaten in russischer Kriegsgefangenschaft nach Sibirien verschleppt wurden.

Zunächst wurden wir in einen Nebenraum verwiesen, wo zwölf Strohsäcke mit Wolldecken bereit lagen. Welch ein Luxus, nach all den entbehrungsreichen Wochen! Und endlich wieder ein Dach über dem Kopf! Wir bekamen Bäckerkleidung.

Wir hatten, gemessen an den augenblicklichen Umständen, eine Traumbeschäftigung gefunden. Obwohl wir von US-Soldaten bewacht wurden, haben wir die Gefangenschaft dort kaum gespürt. In den vielen großen Lagern auf den nassen Rheinwiesen rund herum sollten, so erzählten uns die zivilen Bäcker, chaotische Zustände herrschen und viele deutsche Kriegsgefangene bereits elendig umgekommen sein. Dagegen hatten wir nun das große Los gezogen und konnten uns endlich jeden Tag satt essen. Butter, Marmelade, Büchsenfleisch, Honig, Käse und Brot standen uns stets zur Verfügung, außerdem ein Duschraum.

In dieser großen Brotfabrik führte ich die verschiedensten Tätigkeiten als Bäcker aus, half bei der Zubereitung des Brotteigs, war aber auch am Backofen tätig. Selbst bei der Verladung der Brote musste ich zugreifen. Es wurde nur Weizenmehl verarbeitet, das direkt aus den USA mit dem Flugzeug herbeigeschafft worden war.

Über sieben Wochen war ich hier und wünschte mir, den Rest meiner Kriegsgefangenschaft dort zu verbringen, doch es kam anders.

Auf der falschen Fährte

Es ging die Parole um, dass alle deutschen Kriegsgefangenen, die in der britischen Zone beheimatet seien, sich wegen ihrer Registrierung im Lager melden sollten. Wer hätte es da nicht eilig bekommen, wenn es möglicherweise endlich um die Entlassung aus der Kriegsgefangenschaft ging? Dies hofften wir alle. Die Kameraden, welche in der sowjetisch besetzten Zone zu Hause waren, blieben in der Bäckerei beschäftigt. Nachdem wir unsere Adressen ausgetauscht hatten, trennten sich unsere Wege.

Wir ließen uns registrieren und kamen für einen Tag in ein abgeteiltes Lager. Der Ton dieser amerikanischen Wachmannschaft war ruppig und erinnerte an die Zeit der Gefangennahme. Knüppel und Baseballschläger regierten wieder. Auf dem Güterbahnhof von Darmstadt stand ein langer Güterzug bereit, in den wir, zu je 50 Mann, wieder wie Rindvieh unter lauten „let`s go, let`s go"- Rufen in die Waggons hineingetrieben wurden.

Der Güterzug setzte sich in Bewegung. Natürlich dachte jeder von uns: „Nun geht es zunächst nach Munsterlager und von dort wird man uns sicherlich entlassen." Und weil der Zug am linken Rheinufer entlang fuhr, wird er sicherlich vor Köln nach rechts über den Rhein abbiegen. Jeder von uns erhoffte dies, doch ein Kriegsgefangener hatte keine Hoffnungen zu haben, aber immer nur eine ungewisse Zukunft vor sich herzuschieben. Und das machte mürbe. Was erwartete uns nun noch alles? Unsere Stimmung lag am Boden.

Bittere Enttäuschung griff um sich, als der Zug kurz vor Köln nach links in Richtung Aachen abbog und nicht nach rechts über den Rhein in Richtung Munsterlager. Wegen der vielen Tunnel fuhr der Zug diese Strecke ganz langsam. Ob dies die Absicht des deutschen Lokomotivführers war, wussten wir nicht. Im dunklen Tunnel nutzten etliche Kameraden die Gelegenheit, sich aus dem fahrenden Zug ins Ungewisse fallen zu lassen. Doch ich fand dazu keinen Mut, denn jeder Ein- und Ausgang dieser Tunnel war von britischen Soldaten bewacht. Bei Herbesthal passierten wir die Grenze nach Belgien. Kaum hatte man uns dort als deutsche Kriegsgefangene erkannt, flogen uns Steine entgegen. Diejenigen Kameraden, die im offenen Waggon transportiert wurden, waren noch größeren Gefahren ausgesetzt. Von den Brücken ließ man große Steine und sogar Eisenbahnschwellen auf die offenen Waggons fallen. Wenn der Zug mal anhielt, machte man uns Grimassen, dass wir alle SS-Männer seien und erhängt würden. Man rief uns ein hämisches: „Heil Hitler" zu. Die Wut auf alle Deutschen war wieder gegenwärtig.

Die Lagerkirche in der Barackenstadt Maurage.

Die Kantine war im gleichen Stil errichtet worden wie die anderen Baracken.

13. Kapitel

Im belgischen Kohlerevier

In Erbisoeul war ein riesiges Kriegsgefangenenlager für uns aufgebaut worden, welches über 60 Tausend gefangene deutsche Wehrmachtsangehörige aufnehmen sollte. Wir wurden hier der belgischen Zuständigkeit übergeben. Als vorläufige Unterkunft dienten uns amerikanische Militärzelte. Ein Stück Wellpappe lag auf dem Boden ausgebreitet und war als Schlafplatz vorgesehen.

Nachdem man uns für eine Grubentauglichkeit untersucht hatte, wurden wir namentlich registriert. Beim Aufrufen fiel mir ein bekannter Name auf. Es war Amandus Steffens aus Ellhöft. Ich lief durch die Reihen und rief seinen Namen, so laut ich konnte. Endlich erwischte ich ihn und ein bekanntes Gesicht strahlte mir entgegen. Seit fünf Jahren hatten wir uns nicht mehr gesehen. Wie klein konnte die Welt auch mal sein, dass man sich unter vielen Tausend Kriegsgefangenen hier in Belgien wieder traf. Wir beiden besuchten vor dem Krieg zusammen die Landwirtschaftsschule in Niebüll. Damit man mich nicht mehr von Mandus trennen konnte, nahmen wir uns an die Hand und stellten uns stets nebeneinander. Es wurden Einheiten zu je hundert Mann zusammengestellt. Diese bildete ein Schichtkommando und war auch als Belegschaft für eine Baracke vorgesehen. So wurden wir an die umliegenden Kohlengruben dieser Region verteilt. Fast zwei Jahre lang blieben wir hier zusammen und haben gemeinsam in der Nachtschicht einer Kohlengrube gearbeitet. Wegen einer Herzerkrankung konnte Mandus später die Arbeit im Kohlebergwerk nicht mehr verrichten und fand eine angenehmere Beschäftigung bei einem Bauern in der näheren Umgebung. Ich beneidete ihn. Wenn er sonntags freien Ausgang hatte, kam er mit einem Fahrrad ins Lager gefahren, um mich zu besuchen und darauf freute ich mich immer sehr.

Die Barackenstadt Maurage

Unser nächstes Lager war in Maurage, dass mitten im Kohlerevier zwischen Mons und Charleroi liegt. Ein hoher Stacheldrahtzaun mit Wachtürmen erwartete uns. Bei unserer Ankunft war man noch damit beschäftigt, die letzten Baracken aufzustellen. Eine große Barackenstadt mit Küche, Kantine, Lager-Kirche, eigener Verwaltung und Toiletten war aus dem Boden gestampft worden. Selbst ein Fußballplatz fehlte nicht, der auch als Appellplatz diente.

Viertausend deutsche Kriegsgefangene wurden in diesem Lager untergebracht, das die Bezeichnung CE I hatte. Zur Schicht wurde der größte Teil mit LKWs nach den einzelnen Gruben dieses Kohlenreviers gefahren. Wir waren in Früh-, Mittags- und Nachtschicht aufgeteilt. Jede Schicht war in einer Baracke untergebracht. Ich wurde der Nachtschicht zugeteilt und habe über zweieinhalb Jahre als Bergmann in dieser Schicht gearbeitet. In Belgien war es anders als bei uns, es gab hier keinen Wechsel zwischen den Schichten.

Das erste Mal „unter Tage"

Um 18 Uhr hieß es: „Antreten zur Nachtschicht!" Unter Bewachung marschierte unsere Nachtschicht mit etwa hundert Mann im Gleichschritt den drei Kilometer weiten Weg nach Bracquenie zur Grube „St. Julien". Schon von weitem gewahrten wir zwei Fördertürme, die zu diesem Bergwerk gehörten. Hier angekommen, beäugten uns die belgischen Bergleute zunächst etwas misstrauisch und ein „Heil Hitler" aus dem Hinterhalt war nicht zu überhören. In der Waschkaue, so nennt man im Bergwerk die Duschanlage mit Umkleideraum, empfingen wir unsere Grubenausrüstung. Zu ihr gehörten ein Paar Holzschuhe (wie die „Holländer"), ein Arbeitsanzug, ein Lederhelm und eine flache Kaffeeflasche aus Blech. Für die gründliche Körperreinigung nach der Arbeit gab es ein Stück

Kernseife. Anschließend ging es zur Lamperie, wo wir zunächst eine Marke mit einer Nummer bekamen. Ich hatte die Nummer 133. Man musste es erlernen, diese Zahl laut und deutlich auf französisch zu sagen. Erst mit der Abgabe seiner Marke wurde jedem Bergmann eine frisch aufgeladene Grubenlampe mit der gleichlautenden Nummer ausgehändigt. Damit hatte man eine genaue Kontrolle und Sicherheit darüber, welcher Bergmann eingefahren ist. Diese Kontrollmarke hing an einen Nagel auf einem großen Brett. Besonders bei Grubenunglücken war diese Registrierung wichtig, um eine Übersicht zu haben, wer als Bergmann „unter Tage" arbeitete.

Unsere Bewachung zog sich zurück und erwartete nun unsere Kameraden von der Mittagsschicht, für die nun die Schicht beendet war. Das Rauchen im Untertagebereich war wegen Explosionsgefahr streng verboten. Alle Bergleute wurden stichprobenweise von der Grubenpolizei kontrolliert, denn das Mitführen von Feuerzeugen oder Streichhölzern war streng untersagt. Stattdessen wurde Untertage viel „gepriemt". Ein Stück Kautabak der Marke „Eigenbau" wurde auch mir einmal gereicht, aber der bekam mir nicht.

Da uns alles in flämischer Sprache erklärt wurde, gab es für uns Plattdeutsche keinerlei Probleme mit der Verständigung. Im Förderkorb saß man in der Hocke, und nachdem dreimal geläutet worden war, ging die Fahrt in die Tiefe. Man verspürte einen Druck in den Ohren. In nur wenigen Minuten waren wir auf Sohle 765. Wir waren nun 765 Meter unter der Erde. Gleichzeitig wurden auch noch aus den Sohlen 810 und 901 Kohle gefördert. Auch hier hatte ich gelegentlich gearbeitet. Täglich wurden aus einer dieser Schachtanlagen bis zu tausend Tonnen Kohle gefördert. Die zweite Schachtanlage dieser Grube arbeitete bis Sohle 810 und förderte die gleiche Menge.

Ein Flame knüpfte bald ein Gespräch mit mir an. Zunächst ging es darum, ob wir alle SS-Leute seien, wie allgemein vermutet wurde. Als wir aber erklärten, dass sich unter uns keine SS-Soldaten befänden, war man beruhigt.

Der Steiger, ein Wallone, hieß Francois und sprach nur

französisch. Er nannte mich nun Pierre. Weil er einen kurzen Schnurrbart trug, nannten wir ihn: Schnurres. Schnurres teilte seine Schicht ein und besprach sich mit Albert, einem Flamen. Albert war der Vorarbeiter und teilte uns ein. Auf flämisch nannte er mich fortan: Petje.

Drei belgische Hauer und vier Kriegsgefangene folgten Albert. Das Laufen mit den neuen Holzschuhen war uns zunächst sehr unbequem, aber nach einer Eingewöhnungszeit schlurften wir genauso, wie es die Belgier machten. Jeder Bergmann trug seine Grubenlampe. Bei der Arbeit wurde sie so platziert, dass sie die Arbeitsstelle ausleuchtete. Zunächst ging es durch einen langen Hauptstollen, in dem auch Schienen verlegt waren. Schließlich kamen wir an eine Stahltür (Wettertür). Wegen der Frischluftzufuhr entstand hier eine große Sogwirkung und daher ließ sich diese Tür nur schwer öffnen. Wir bestiegen jetzt einen niedrigen Stollen, der bergan verlief und nur in gebückter Haltung begehbar war. Danach gelangten wir an einen 1,80 Meter hohen Kopfstollen, in dem ebenfalls ein Gleis verlegt war, und endlich erreichten wir das Kohlenflöz „Eugenie".

Jedes Flöz (Kohlenschicht) wurde mit einen Namen bezeichnet und war gleichzeitig auch der Arbeitsplatz. An der Seite entdeckte ich eine große dunkle Öffnung, die zur Sicherung mit Stempeln aus Grubenholz ausgebaut war. Aus ihr ragte eine Stahlblechrutsche hervor. Hier beginnt der Streb, der etwa 30 bis 50 Meter lang sein kann. In diesem baut der Bergmann die Steinkohle ab. Mit Hilfe eines Presslufthammers bricht er die Kohle aus der 1,20 Meter starken Kohlenschicht heraus. Der zweite Hauer schippt mit einer Schaufel, die mit kurzem Stiel versehen ist, die Kohlenbrocken in die Rutsche, in der diese nun durch das Gefälle abwärts in den Hauptstollen rutschen. Unten angekommen gelangt die Kohle nun in die bereitstehenden Waggons. Im belgischen Kohlerevier sind die Flöze hängend angeordnet, d.h., die Kohleschichten liegen schräge im Bergmassiv. Die Lagerschichten der Kohle sind sehr unterschiedlich, die von 0,60 bis 2,00 Meter reichen. An diesen Bedingungen mag man die schwere Arbeit des Bergmanns ermessen. Obwohl der Abbau aus den dünnen Kohleschichten sehr viel mühseliger ist, ist diese Kohle besonders gefragt, weil sie über mehr Energie verfügt als andere Kohle und damals in die USA exportiert wurde. Das gesamte Bergmassiv, in dem die Kohle in unterschiedlichen Schichten lagert, muss man sich wie eine riesige Schichttorte vorstellen, die schräge steht. Dies soll als Blick in die „Unterwelt" eines Bergwerks genügen.

Linolschnitt eines Bergarbeiters unter Tage.

14. Kapitel

Alltag im Kohlenstaub

Albert war sehr freundlich zu uns und wies Mandus und mich zunächst in das Transportsystem unter Tage ein. Für uns als künftige Bergleute war dies nun die erste Arbeit.

Wir befanden uns im Kopfstollen, der hauptsächlich als Transportweg für das erforderliche Grubenholz diente, das mit dem Förderkorb nach unten transportiert worden war. Dieses Holz war bereits über Tage, also oben, von der Mittagsschicht auf erforderliche Längen geschnitten und dann in die speziellen Waggons verladen wurde. Meine Arbeit war es nun, diese Waggons vom Schacht her nach dem Kopfstollen der „Eugenie" zu transportieren. Das Grubenholz dient zur Abstützung des Bergmassivs, nachdem die Kohle abgebaut ist.

Als „Zugkraft" für die Waggons diente hier unten eine Seilwinde, die über einen Pressluftmotor angetrieben wurde. Die erforderliche Pressluft wurde über Tage von großen Aggregaten erzeugt und gelangte über ein großes Rohrsystem bis in den letzten Streb hinunter und war damit die Antriebsenergie für Steinbohrer, Presslufthammer und Schüttelrutsche.

Wir erreichten einen kleinen „Bahnhof", wo sich die Züge mit etwa zwanzig Waggons kreuzen konnten. Mandus und ich wurden in die Handhabung einer Haspel, wie man hier die Winde nannte, eingewiesen. Diese Arbeit war unkompliziert und auch nicht schwer. Bei mir ertönte ein dreimaliges Klingelzeichen und nun konnte der Lorenzug zu Mandus hin abfahren. Nur einen einfachen Hebel hatten wir zu bedienen, mit dem man „Gas" geben konnte. Langsam zog sich das Seil stramm und man merkte, dass der Motor zu ziehen begann und wie eine alte Lokomotive stampfte. Nach einigen Minuten kam der lange Zug dann bei mir an, welcher ein „leeres" Seil hinter sich herschleppte. Damit der Zug nun weitergeleitet werden konnte, hakte ich die Seile um, zog dreimal am Läutewerk und der Zug fuhr ab. Danach kam bei mir ein Klingelzeichen an, was „verstanden" oder auch „stopp" bedeutet. Diese einfache Arbeit habe ich einige Monate mit meinem Kameraden Mandus geteilt. Nach der Einarbeitung kam ich mir wie ein kleiner Bahnhofsvorsteher vor.

Eine Anmerkung: An einigen Strecken war es technisch nicht möglich, die Transporte mit einer Seilwinde zu ziehen. Dafür wurden Pferde als Zugkraft eingesetzt. Diese armen Tiere harrten ihr Leben lang unter Tage aus. Eine Nische im Gestein diente als Stall, den sich die Pferde mit Ratten und Mäusen teilten.

Im Laufe der Zeit hatte man uns schon so viel Vertrauen geschenkt, dass wir unsere Arbeit ohne Aufsicht erledigten. An ein Ausbüxen brauchten wir ohnehin nicht denken, denn dies war schier unmöglich für uns.

Nach einigen Monaten, nachdem wir wieder Kräfte gesammelt hatten, wurden wir auch zu den schweren Arbeiten im Bergwerk herangezogen und zwar dort, wo die Kohle abgebaut wurde. Hier musste der Hauptstollen ständig vorangetrieben werden, damit die Kohle stets in die Waggons rutschen konnte. Zunächst wurden zwei Meter tiefe Löcher in das Schiefergestein hinein gebohrt, welche der Sprengmeister mit Sprengstoff füllte und dann zur Zündung brachte. Die losgesprengten Gesteinsmassen wurden von Hand oder mit der Schaufel in Waggons geladen. Das Steinmaterial wurde, wie die Kohle auch, ebenfalls zu Tage gefördert und landete schließlich auf einer großen Steinhalde in der Nähe des Bergwerks. Diese Halden sind für das belgische Kohlerevier typisch. In den deutschen Revieren sieht man keine Halden, weil das Steinmaterial im abgebauten Flöz wieder verbaut wird.

Die Arbeit vor Stein, wie vor Kohle, wie der Bergmann es beschreibt, wurde mit Akkordlohn vergütet. Auch die

Kriegsgefangenen waren an diesem Akkord, entsprechend unserer kargen Lohnstufe, beteiligt. Zwar ein kläglicher Lohn, jedoch soviel, dass man sich in der Kantine ein paar Dinge extra kaufen konnte. Alle Arbeiten unter Tage, ob vor Kohle oder Stein, wurden ohne jeglichen Mundschutz verrichtet, was auf Dauer nicht jeder Lunge gut bekam.

„Pajy" um Mitternacht

Um Mitternacht wurde eine Brotzeit eingelegt, welche auch „Butram" oder „Pajy" genannt wurde. Von der Rohrleitung ertönten, wie von einer Turmuhr, drei kräftige Schläge. Alle Bergleute von einem Streb sammelten sich an einem Platz, wo sich mehrere Stollen kreuzten (Hauptbahnhof). Aus allen Richtungen trudelten die Kumpel mit ihren Grubenlampen ein. Auch wir Kriegsgefangenen gesellten uns zu dieser Runde. Ein Kontakt war schnell geknüpft. Die Verständigung klappte, denn mit französisch, flämisch oder deutsch kam man immer auf einen gemeinsamen Nenner. Dass wir zunächst noch unterernährt waren, sah man uns an. Unsere Brotration hatten wir schon bald nach dem Empfang verzehrt und für ein nächtliches Mahl reichte es nicht. Für den Durst, der unter Tage besonders groß ist, hatten wir unsere gefüllte Kaffeeflasche mitgebracht. Und das war besonders wichtig. Wir hockten auf einem Holzklotz, der immer irgendwo herumlag. Als die Belgier ihr „Butrampaket" öffneten und sahen, dass wir nichts aßen, gaben sie uns bereitwillig ein Stück ab. Dies war eine menschliche Geste, für die wir dankbar waren. In den ersten Monaten steckte mir mein Vorarbeiter oftmals zwei Scheiben von selbstgebackenem Weißbrot zu, welches seine Frau extra für mich eingepackt hatte. Ein Zeichen, welches von Mitgefühl zeugte.

Unsere Schicht endete um sechs Uhr in der Früh. Die Kumpel von der Frühschicht kamen uns bereits entgegen und wir fuhren nun nach oben. Nachdem wir die Grubenlampe gegen die Marke wieder getauscht hatten, ging es in die Waschkaue, wo wir uns gegenseitig den Rücken abseiften. Nur so ließ sich der hartnäckige Kohlenstaub von der Haut entfernen. Anschließend fand der übliche Zählappell zwecks Überprüfung statt, ob unsere Mannschaft auch vollzählig war. Und dann marschierte die Wache mit uns ins Lager zurück.

Irgendwann wurde auch bei uns die schwere Bergmannsarbeit zum täglichen Trott. Unser Dasein neigte abzustumpfen. Über zweieinhalb Jahre lang bin ich als Bergmann eingefahren. Diese Zeit habe ich, Gott sei Dank, ohne gesundheitliche Schäden überstanden.

Lageralltag im Barackenlager Maurage

Nachdem wir uns gründlich abgeduscht hatten, stellten wir uns in gewohnter Formation auf, und wenn die Vollzähligkeit der Mannschaft festgestellt war, marschierten wir in Begleitung der Wachmannschaft ins Lager zurück. Jupp, ein älterer Kamerad aus Köln, war unser Barackenchef. Er war für uns so etwas wie die „Mutter der Kompanie", denn Jupp war maßgeblich am Leben von über neunzig Menschen gleichen Schicksals beteiligt. Und dazu gehörte alles, was mit dem leiblichen Wohl, dem nötigen Ordnungssinn, der Sauberkeit in der Baracke und auch mit persönlichen Belangen zu tun hatte. Kurzum, mit väterlicher Umsicht achtete er peinlichst darauf, dass unser Zusammenleben dieser ungewollten Gemeinschaft in gelenkten Bahnen verlief, denn er hatte nicht nur Musterknaben um sich.

Obwohl wir täglich den Anblick eines hohen Stacheldrahtzauns zu ertragen hatten, wurde versucht uns dieses Schicksal zu erleichtern. Besonders unterstützte uns die Weltorganisation des YMCA (Young Men's Christian Associations). Deutsch: CVJM - Christlicher Verein Junger Männer. Seit einigen Jahren nennen sie sich „Christlicher Verein Junger Menschen".

Diese internationale Vereinigung hatte es sich zur Aufgabe gemacht, uns das Dasein im Kriegsgefangenenlager zu erleichtern. Der evangelische Lagerpastor, auch ein Kriegsgefangener wie wir, war von der Bergmannsarbeit befreit. Er war Seelsorger für die evangelischen Christen unter uns. Die katholischen Christen wurden vom örtlichen belgischen Pfarrer betreut, dem ein freier Zutritt ins Lager gewährt wurde. In unserer Lagerkirche wurden Andachten für beide Konfessionen abgehalten. Das Altarbild wurde dann, entsprechend der Konfession, umgedreht.

Weihnachten einmal anders

Das Weihnachtsfest hat in Belgien wie auch in Frankreich einen anderen Stellenwert als bei uns. Der Heiligabend ist ein Arbeitstag wie jeder andere und damit auch für uns. Dass uns dies nicht recht war, ist wohl verständlich, und wir marschierten lustlos und mit einem gewissen Groll zur Schicht. Wir dachten an unsere Familien, die sicherlich bei Kerzenschein das erste Weihnachtsfest nach dem Krieg begingen. Post aus der Heimat hatten wir immer noch nicht erhalten, obwohl wir bereits im Oktober 1945 das erste Lebenszeichen nach Hause senden durften. Seit März hatte ich keine Nachricht aus der Heimat erhalten. Die belgischen Kumpel merkten es uns an, dass Missstimmung unter uns herrschte. Doch auch diese Schicht haben wir schließlich gepackt.

Trotzig marschierten wir ins Lager zurück, bis irgend einer laut rief: „Weit ist der Weg zurück ins Heimatland... Drei! - Vier!" Alle sangen kräftig mit. Verschlafen schauten Dorfbewohner aus dem Fenster und haben wohl gedacht, was mag denn nur in diese Deutschen gefahren sein. Doch auch die flämische Bewachung marschierte im Gleichschritt mit uns und fand sichtlich Spaß an unserem Verhalten.

Im Lager angekommen, glänzten unsere Augen. Ein leuchtender Weihnachtsbaum begrüßte uns von weitem. Unser Barackenchef Jupp, der wegen seines Alters nicht mehr einzufahren brauchte, hatte für jeden von uns eine Kerze angezündet. Aus dem Lagerradio erklangen Weihnachtslieder.

15. Kapitel

Eine traurige Nachricht

Seit März 1945 hatte man vom Sohn und Bruder kein Lebenszeichen erhalten. Meine Eltern waren verzweifelt. Mein Onkel Carsten Ingwersen, der selbst seinen Sohn im Krieg verloren hatte, nahm sich der Sorgen an und schrieb einen Brief an das Deutsche Rote Kreuz in Plauen. Auf diesen Brief gab es im November 1945 eine Antwort. Darin schilderte der Vorsitzende des DRK die Situation nach dem Einmarsch der amerikanischen Truppen und den möglichen Verbleib meiner Person. Die amerikanische Armee hätte, bevor das Land Sachsen in die Zuständigkeit der Sowjetunion übergeben worden sei, ihre Kriegsgefangenen in den für sie zuständigen Bereich in Deutschland abtransportiert. Und so war auch die damalige Situation. Der Brief ist bis heute erhalten geblieben und hat folgenden Inhalt:

„Plauen i.V. Reservelazarett II, Teillazarett Seumeschule, Isolierstation-Abteilung ist von Plauen nach Pöhl i.V. auf das dortige Schloß mit dem gesamten Lazarett verlegt worden, als der Zusammenbruch eingetreten ist. Zu dieser Zeit waren die Amerikaner Beherrscher des Vogtlandes und somit auch des nach Pöhl verlegten Lazaretts.

Nach Aussage maßgebender Personen vom früheren Roten Kreuz und der Einwohner von Pöhl haben es die Lazarett-Insassen gut gehabt. Als bekannt wurde, dass das Vogtland von den Russen besetzt werden sollte, ist so wie vieles Andere auch das Lazarett zur Auflösung gekommen und die Insassen vom Amerikaner mitgenommen, damit sie nicht in russische Hände fielen. Durch diese Maßnahme sollen die Insassen in amerikanische Gefangenschaft gekommen sein. Wohin sie aus Pöhl gekommen sind, konnte nicht festgestellt werden... Plauen i.V. den 25. Nov. 1945..."

Der Weihnachtsabend in Lütjenhorn. Man berichtete mir später: Von Peter hatte man bisher noch kein Lebenszeichen erhalten. Der kranke Vater saß am warmen Ofen und wartete auf die Post. Der Postbote (Jakob Hansen, ein Schulkamerad von mir) klopfte an die Tür.

„Herein!"

„Fröhliche Weihnachten" rief er in die Stube.

Traurig blickte alles auf. „Ja, ja, - Fröhliche Weihnachten! Ich habe Post von Peter", sagte er ermunternd.

Endlich war wieder eine Brücke zur Heimat aufgebaut. Sechs Weihnachten nacheinander habe ich nicht im Kreise meiner Familie feiern können. Aber nun ein Lebenszeichen! Das erste Lebenszeichen nach langer Zeit wurde als schönstes Weihnachtgeschenk aufgenommen.

Die Gefangenenpost unterlag gewissen Auflagen. Es durften anfangs zwei Karten und ein Brief monatlich mit Bleistift geschrieben werden. Diese Post war zweigeteilt, wobei die zweite Hälfte als Rückantwort zur Verfügung stand. Die Zeilenzahl war begrenzt und die gesamte Post ist zensiert worden.

In einem Brief schrieb mir meine Mutter, dass sich der Gesundheitszustand meines Vaters zusehends verschlechtert hätte. Eine Genesung würde es nicht mehr geben. Nach einigen Tagen erreichte mich die traurige Nachricht, dass mein Vater am 12. Juli 1946 eingeschlafen sei. Für die Familie war der Verlust besonders schmerzlich, da ich auf dem Betrieb fehlte. Meine Mutter war mit meinen Schwestern allein. Der Betrieb musste, so gut wie es ging, weitergeführt werden. Alex war ja bereits in seine Heimat zurückgekehrt. Ich fühlte diese Ohnmächtigkeit, aus der Ferne nicht für meine Familie da sein zu können.

Außerdem tat es weh, dass ich keine Gelegenheit bekommen hatte, mich von meinem Vater zu verabschieden. Ich hatte doch so viele Fragen, die ich ihm nun nicht mehr stellen konnte. Ich suchte Trost bei unserem Lagerpastor, der mir half, meine Trauer zu bewältigen.

Endlich rückte die Entlassung näher

Im Sommer 1947 begann Belgien mit der Entlassung seiner Kriegsgefangenen. Den Vätern mit Kindern galt der Vorrang, das Lagertor hinter sich zu lassen.

Endlich, am 28. August 1947, so vermerkte ich in meinem YMCA-Kalender, der noch erhalten ist: Letzter Arbeitstag!!! Nun ging es Schlag auf Schlag. Am 29. August Geldauszahlung: 1500 belgische Francs. In der Kantine kaufte ich mir Stoff für einen Anzug. Und dann ging alles automatisch. Die Gedanken waren auf die Heimat gerichtet. Was erwartete uns dort? Ich grübelte, wie es nach dem verlorenen Krieg auf dem elterlichen Hof aussehen mochte und wie meine Mutter ohne Vater die gesamte Arbeit bewältigte.

1. September: Strohsack auf dem Appellplatz verbrannt. 2. September: Abfahrt aus Belgien, morgens 6 Uhr von La Louvier. Ankunft in Munster-Lager 15 Uhr. 4. September: Registrierung. 5. September 8 Uhr: Abfahrt nach Lübeck mit englischen LKWs, dort wieder Registrierung, dann 20 Uhr per Anhalter auf LKWs in Richtung Schleswig. Hier bei Verwandten übernachtet. 6. September: mit dem Zug nach Flensburg. 16.55 Uhr Abfahrt nach Sprakebüll, wo mich meine Schwestern mit meinen künftigen Schwägern mit Freuden erwarteten. Mit Pferd und Wagen ging es dann meiner Heimat Lütjenhorn entgegen. Als ich mein Elternhaus in der Ferne erblickte, fiel mir sofort das stark geschädigte Reetdach des Wohnhauses ins Auge, welches notdürftig mit einer Blechplatte abgedichtet worden war. Infolge der langen Kriegszeit und der entbehrungsreichen Zeit danach musste dieses Provisorium einige Zeit halten.

Ich war so aufgeregt, stand nun am Anfang, endlich meinen eigenen neuen Lebensweg zu planen. Den verschlissenen feldgrauen Anzug und den englischen Soldatenmantel, welchen ich während der Kriegsgefangenschaft trug, habe ich zwar verbrannt, doch die Zeit, die ich darin verbringen musste, bleibt unvergessen.

Dies ist die letzte Seite dieses Lebensabschnitts, der mich nachhaltig geprägt hat.

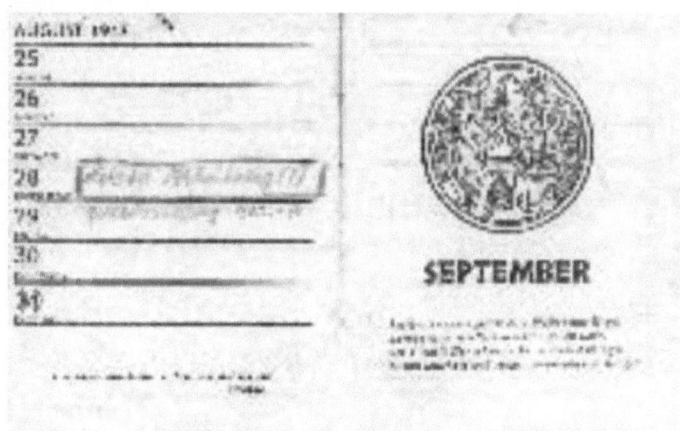

Nachwort

Dankbar und glücklich bin ich dafür, dass ich in der Bundesrepublik Deutschland lebe und daran teilhaben darf, wie diese Republik die unermesslichen Zerstörungen unserer Städte, die Mauer, den trennenden Stacheldrahtzaun überwunden hat. Demokratisches Prinzip, rege Geschäftigkeit, innere Zufriedenheit und ein soziales Netz mögen weiterhin der Garant für den inneren Frieden bei uns sein. Mit einstigen Feinden verbindet uns heute eine festgefügte Freundschaft. Die Kraft für ein Zusammenwirken der Völker Europas ist fester Wille geworden. Das gemeinsame Haus Europa soll für uns mehr sein als nur eine Illusion. Dennoch sollte die Liebe zur eigenen Heimat, die frei von überstiegenem Nationalismus ist, uns erhalten bleiben!

Ich wünsche mir, dass die nachfolgenden Generationen ihren Kindern die Erfahrungen eines solchen grausamen Krieges ersparen können und sich für den dauerhaften Erhalt des Friedens einsetzen. Nicht zuletzt dafür habe ich meine Erinnerungen zu Papier gebracht.

Ich danke all denjenigen, die mir beim Erstellen dieses Manuskriptes wohlwollend und mit guten Ratschlägen zur Seite standen. Für die kritischen Anmerkungen und dem freundschaftlichen Zuspruch, auch wenn mich manchmal der Mut verließ, diese Zeilen zu veröffentlichen, bedanke ich mich ebenfalls recht herzlich.

Als Schriftsteller sehe ich mich nicht, vielmehr als jemanden, der einfach seine Geschichte erzählt.

Im August 2005

Zeittafel

28. Februar 1933   Reichstagsbrand

23. März 1933   „Ermächtigungsgesetz"
In die Jugendorganisation Deutsches
Jungvolk eingetreten

01. – 16. August 1936   Olympische Spiele in Berlin
Teilnahme am Nordmarklager der HJ
und Jungvolk am Bramsee bei Nortorf

Dezember 1936   HJ wird staatlicher Jugendverband
Aktiver Dienst im Jungvolk

März 1939   Einführung der Dienstpflicht in der HJ
Sonnabends war Staatsjugendtag
(schulfrei) – Geländespiele mit
Mannschaften aus den Nachbarorten
angesetzt - Dienstpflicht

23. August 1939   Hitler-Stalin-Pakt
Alle jungen Männer, die wehrtauglich
waren, wurden zum Wehrdienst
einberufen. Man traute den
Abmachungen nicht – wollte es
möglicherweise auch nicht. Manöver
an der Ostgrenze – es wurde von
Kriegsgefahr gemunkelt. Die Eltern
machten sich Sorgen um die Zukunft.

01. September 1939   Einmarsch in Polen, Beginn des
Zweiten Weltkrieges
Die Befürchtungen bewahrheiteten

sich. Lebensmittel wurden rationiert.
Lebensmittelkarten wurden von der
Gemeinde ausgegeben.

22. Juni 1941 Einmarsch ins Territorium der
Sowjetunion
Zeit der Heuernte. Ein französischer
Kriegsgefangener war auf dem
elterlichen Bauernhof tätig.

08. September 1941 Einschluss Leningrads
Musterung für die Deutsche
Wehrmacht.

02. Februar 1943 Kapitulation der 6. Armee in
Stalingrad

20. Juli 1944 Attentat auf Hitler
Pleskau abgesetzt. Der Rückzug der
Deutschen Nordarmee begann.

08. Mai 1945 Kapitulation und Ende des Zweiten
Weltkrieges
Kriegsgefangenenlager in den
Rheinwiesen. Sirenengeheul
verkündete das Ende des Weltkrieges.

Juli 1945 Potsdamer Konferenz
In einer Heeresbäckerei der
Wehrmacht als Bäcker gearbeitet.

September 1947 *Heimkehr aus der*
Kriegsgefangenschaft

Mai 1949 Gründung der Bundesrepublik
Deutschland

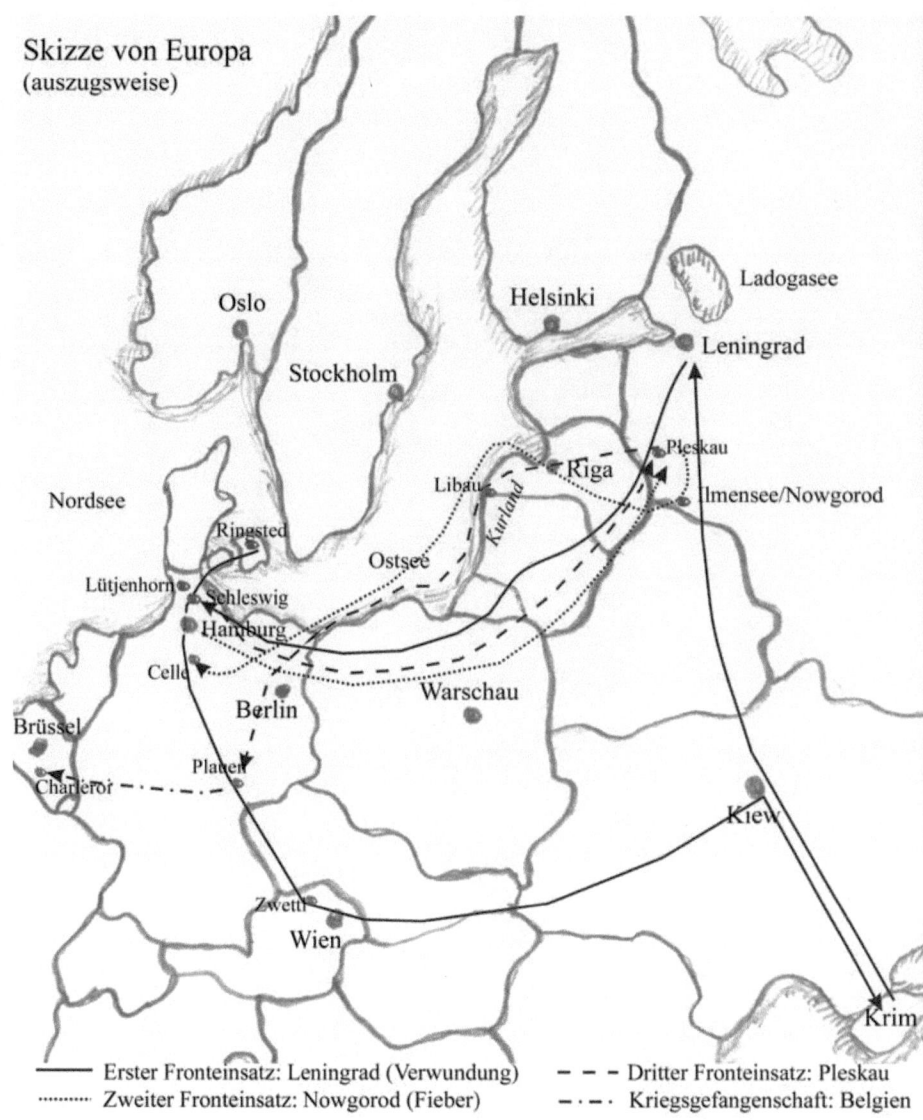

Skizze von Europa
(auszugsweise)

Ladogasee

Oslo

Helsinki

Leningrad

Stockholm

Pleskau

Riga

Nordsee

Libau

Ilmensee/Nowgorod

Ringsted

Kurland

Lütjenhorn

Ostsee

Schleswig

Hamburg

Celle

Warschau

Berlin

Brüssel

Plauen

Charleroi

Kiew

Zwettl

Wien

Krim

Erster Fronteinsatz: Leningrad (Verwundung)   – – – Dritter Fronteinsatz: Pleskau
Zweiter Fronteinsatz: Nowgorod (Fieber)   – · – Kriegsgefangenschaft: Belgien

105